DILAMORE COLLEGE
BOOK RENTAL
NOT FOR RESALE

THE LANGUAGE GYM

IRISH
SENTENCE BUILDERS
A lexicogrammar approach
Beginner to Pre-Intermediate

ANSWERS & TRANSCRIPTS

TEACHER LISTENING Book

 THE LANGUAGE GYM

Copyright © G. Conti and D. Viñales

All rights reserved

ISBN: 9783949651526

Imprint: Independently Published

Edited by Vikki Ní Bhréin

ABOUT THE AUTHORS:
IRISH SENTENCE BUILDERS

Aoife de Buitléir is a qualified post primary teacher since 2017 where she completed her Professional Masters of Education in National University of Ireland, Galway. During her studies in NUIG, she completed modules such as Educational Sciences and as well as achieving a 1.1 in her research Project on effective hooks in a language classroom. Prior to her Master's degree, Aoife completed a 3 year Joint Bachelor of Arts degree specialising in An Ghaeilge and Honours Mathematics where she achieved a first class honours degree. Aoife has worked as a translator in the Irish Translation Department in NUIG and with an independent translation company in Co. Galway where she translated legal documents into Irish. Furthermore, Aoife works in an Irish speaking Gaeltacht area in Conamara, Co. Galway with an Irish College teaching Irish in 3 week emersion courses since 2013. Additionally, Aoife is undertaking the Saibhreas Teanga course in Acadamh na hOllscolaíochta Gaeilge in Ceathrú Rua, Conamara and is always looking to improve her own level of competency and fluency in the language. Since qualifying as a post primary teacher, Aoife has worked in a wide variety of post primary schools between mixed and single gender schools in Galway and has taught Irish and Mathematics from Junior Cycle to Senior Cycle Higher Level. Aoife is now working in Tullamore, Co.Offaly.

Órla de Buitléir qualified as a post primary teacher in 2017 where she undertook the Professional Masters of Education in the National University of Ireland, Galway achieving a first class honours Master's degree at the end of her 2 years. During her studies, she completed teaching placement in various post primary schools across Galway City and studied modules in the Psychology of Learning and Teaching. Preceding her Master's degree, Órla was awarded a 1.1 in her Joint Bachelor of Arts degree in An Ghaeilge and Honours Mathematics. Throughout her studies there, she completed modules such as Translation Studies and The Undergraduate Ambassador Module. Órla continues to enhance her own professional learning and is undertaking a Saibhreas Teanga course in Acadamh na hOllscolaíochta Gaeilge in Ceathrú Rua, Conamara as well as been awarded the Certificate 'Teastas Gaeilge do Mhúinteorí Iarbhunscoile'. Additionally, Órla works in an Irish College in Conamara, Co. Galway each summer since 2013 teaching Irish to students from across the country. Órla has taught students of all levels ranging from Junior Cycle to Senior Cycle Higher Level and is currently working in a mixed post primary school in Tullamore, Co.Offaly.

ABOUT THE AUTHORS: SPANISH SENTENCE BUILDERS (ORIGINAL VERSION)

Gianfranco Conti taught for 25 years at schools in Italy, the UK and in Kuala Lumpur, Malaysia. He has also been a university lecturer, holds a Master's degree in Applied Linguistics and a PhD in metacognitive strategies as applied to second language writing. He is now an author, a popular independent educational consultant and professional development provider. He has written around 2,000 resources for the TES website, which have awarded him the Best Resources Contributor in 2015. He has co-authored the best-selling and influential book for world languages teachers, "The Language Teacher Toolkit" and "Breaking the Sound Barrier: Teaching Learners how to Listen", in which he puts forth his Listening As Modelling methodology. Gianfranco writes an influential blog on second language acquisition called The Language Gym, co-founded the interactive website language-gym.com and the Facebook professional group Global Innovative Language Teachers (GILT). Last but not least, Gianfranco has created the instructional approach known as E.P.I. (Extensive Processing Instruction).

Dylan Viñales has taught for 15 years, in schools in Bath, Beijing and Kuala Lumpur in state, independent and international settings. He lives in Kuala Lumpur. He is fluent in five languages, and gets by in several more. Dylan is, besides a teacher, a professional development provider, specialising in E.P.I., metacognition, teaching languages through music (especially ukulele) and cognitive science. In the last five years, together with Dr Conti, he has driven the implementation of E.P.I. in one of the top international schools in the world: Garden International School. This has allowed him to test, on a daily basis, the sequences and activities included in this book with excellent results (his students have won language competitions both locally and internationally). He has designed an original Spanish curriculum, bespoke instructional materials, based on Reading and Listening as Modelling (RAM and LAM). Dylan co-founded the fastest growing professional development group for modern languages teachers on Facebook, Global Innovative Languages Teachers, which includes over 12,000 teachers from all corners of the globe. He authors an influential blog on modern language pedagogy in which he supports the teaching of languages through E.P.I. Dylan is the lead author of Spanish content on the Language Gym website and oversees the technological development of the site. He is currently undertaking the NPQML qualification, after which he plans to pursue a Masters in second language acquisition.

ACKNOWLEDGEMENTS

Many thanks to the speakers who contributed to the recording process. In particular, thanks to Amanda Ní Dhufaigh, Sinéad Ní Bhraoin, Ciarán Mac Réamoinn, Rob Quinlan and Aidan Mac Donncha for their time and effort in recording the sound files.

Secondly, our thanks and appreciation to the testing and proofreading team, but to Vikki Ní Bhréin, in particualr. It is thanks to their time, patience and professionalism that we have been able to produce such a refined and highly accurate product.

DEDICATION

For Catrina

- Gianfranco

For Ariella and Leonard

- Dylan

Do John agus Stella, ár dtuismiteoirí dílse

- Aoife & Órla

INTRODUCTION

This Irish Listening Booklet matches to the minutest details the content of the 19 units included in the best-selling workbook for beginner-to-pre-intermediate learners "Irish Sentence Builders", by the same authors. For best results, the two books should be used together.

This book fully implements Dr Conti's popular approach to listening-skills instruction, L.A.M. (aka *Listening-As-Modelling*), laid out in his seminal work: "Breaking the Sound Barrier: Teaching Learners how to Listen" (Conti and Smith, 2019). L.A.M. is based on the concept that listening instruction should train students in the mastery of the key micro-listening skills identified by cognitive psychologists as follows:

- Phonemic processing
- Syllable processing
- Segmenting
- Lexical retrieval
- Parsing
- Meaning building
- Discourse building

This translates into aural instruction which deliberately targets the above micro-abilities through a range of tasks performed on input which is (1) highly patterned; (2) 90-98 % comprehensible; (3) flooded with the occurrence of the target structural patterns and lexical items; (4) delivered at a rate of speed which allows for learning; (5) designed to induce a priming effect on learning (i.e. to subconsciously sensitize the learners to the target language items).

Each unit contains around 13 listening tasks, which provide continuous and extensive recycling of the target constructions and vocabulary items and address the development of the key listening micro-skills. The tasks include engaging and tested Conti classics such as "Spot the intruder", "Missing details", "Faulty transcript", "Break the flow", "Faulty translation", "Gapped translation" and "Listening slalom", alongside more traditional listening comprehension tasks.

The tasks have been designed with the following key L.A.M. principles in mind: (1) the task's cognitive load must be appropriate to the level of the target learners; (2) the tasks must involve thorough processing (i.e. they should promote attention to details); (3) at the beginning stages, the tasks should promote noticing of the target language items by creating opportunities for cognitive comparison between the target language and the mother tongue (e.g. by using parallel texts in both languages, as happens in tasks such as "Bad translation" and "Gapped translation"); (4) the tasks should provide the learners with multiple entry points for acquisition by requiring them to engage with the same or similar texts at different levels of processing (from the identification of sounds to lexical retrieval; from the processing of structural patterns to the construction of meaning and discourse); (5) the tasks should model speaking micro-skills (e.g. pronunciation, decoding skills, functional and positional processing), not merely exam-taking techniques (as textbooks typically do); (6) tasks should be sequenced in a graded fashion, gradually phasing out support and increasing in difficulty.

The tasks have been tested countless times with students aged 11 to 13, with very positive feedback both in terms of engagement and perceived effectiveness

HOW TO USE THIS BOOK

This book was intended as a Listening-for-learning tool aimed at paving the way for spoken and/or written production. If used in conjunction with the "Irish Sentence Builders" book, the tasks in each unit would follow the presentational stage of the target constructions through sentence builders and associated teacher-led aural activities aimed at building phonological awareness (e.g. "Faulty echo", "Minimal pairs", "Spot the silent letters", "Write it as you hear it") and at establishing meaning (e.g. "Listening bingo", "Positive or Negative", "Faulty transcript").

We recommend interspersing the listening tasks in each unit with engaging vocabulary-building, reading and read-aloud activities rather than covering every single exercise in a sequential fashion. Also, teachers, in selecting the activities and crafting each instructional sequence, should be cognizant of the motivational levels and concentration span of their students. These will vary from class to class and will inevitably inform their choice of the amount and type of listening that will be most conducive to learning.

Please note that whilst the sequence in which the tasks are arranged in each unit was carefully crafted by the authors to provide a graded and balanced progression from easier to more challenging, teachers should not feel straight-jacketed by that order.

If the teacher has near native or native command of the target language, they may want to deliver some of activities by reading the text aloud themselves using the transcripts in the answer book, which can be purchased separately. This will enable them to enhance the input by emphasizing specific aspects of the input (e.g. specific words, word endings or phonotactic features such as assimilation phenomena) they may want their students to notice. Input enhancement is a useful means to enhance acquisition and interpersonal listening whereby the teacher interacts with the learners is an effective way to make aural input more learnable, engaging and motivational.

EXTENSIVE PROCESSING INSTRUCTION

If you have bought into our E.P.I. approach

Both this listening book and the original Sentence Builder book were originally designed as a resource to use in conjunction with our E.P.I. approach and teaching strategies. Our course favours flooding comprehensible input, organising content by communicative functions and related constructions, and a big focus on reading and listening as modelling. The aim of these books is to empower the beginner-to-pre-intermediate learner with linguistic tools - high-frequency structures and vocabulary - useful for real-life communication.

If you don't know or have NOT yet bought into our approach

If you would like to learn about E.P.I. you could read one of the authors' blogs. The definitive guide is Dr Conti's "Patterns First – How I Teach Lexicogrammar" which can be found on his blog (www.gianfrancoconti.com). There are also informative and user-friendly blogs on Dylan's Wordpress site (mrvinalesmfl.wordpress.com) such as "Using sentence builders to reduce (everyone's) workload and create more fluent linguists" which can be read to get teaching ideas and to learn how to structure a course, through all the stages of E.P.I.

The book "Breaking the Sound Barrier: Teaching Learners how to Listen" by Gianfranco Conti and Steve Smith, provides a detailed description of the approach and of the listening and speaking activities you can use in synergy with the present book.

DIALECTS

Please note that each unit contains recordings of various dialects to provide a balance for all learners. The dialects include Munster, Connaught, Ulster and Leinster spoken Irish.

ACCESSING THE SOUND FILES

The sound files can be accessed at www.language-gym.com/listening

Once you log on, you will see a menu, containing all the units in the book, ordered and labelled as per the book itself. This section of the Language Gym can be accessed by both teachers and students regardless of whether or not you are a subscriber to the main Language Gym site.

TABLE OF CONTENTS

Unit	Title	Communicative function	Page
1	Talking about age	Describing yourself and other people	1
	Decoding Skills – Part 1		2
2	Saying when birthdays are	Describing yourself and other people	4
	Decoding Skills – Part 2		5
3	Describing hair and eyes	Describing yourself and other people	9
	Decoding Skills – Part 3		8
4	Saying where a person is from and living	Indicating location	13
	Decoding Skills – Part 4		11
5	Talking about my family members	Describing people and relationships	17
	Decoding Skills – Part 5		15
6	Describing myself and another family member	Describing people, relationships and expressing opinions	22
7	Talking about pets	Describing people/animals and asking questions	25
8	Talking about jobs	Describing people, expressing opinions and indicating location	28
9	Comparing people's appearance and personality	Comparing and contrasting	31
10	Saying what is in my school bag / classroom	Stating what you have and describing objects	34
	Reading Aloud – Part 1		29
11	Talking about food - Introduction	Describing food and expressing opinions	38
12	Talking about food - likes & dislikes	Describing routine behaviour in the present, expressing opinions	41
13	Talking about clothes and accessories	Describing people, routine behaviour in the present and indicating time	44
14	Saying what I and others do in our free time	Describing routine behaviour in the present and indicating time	47
	Reading Aloud – Part 2		39
15	Talking about weather and free time	Describing events and routine behaviour in the present and indicating location	51
16	Talking about daily routine	Describing routine behaviour in the present, indicating time, sequencing	54
17	Describing houses	Indicating location, describing things and expressing likes/dislikes	57
18	Saying what one does at home / daily routine	Indicating routine behaviour in the present, time, frequency and location	60
	Reading Aloud – Part 3		50
19	Holiday plans	Making plans for the future, indicating time, location and expressing opinions	63

UNIT 1 - TALKING ABOUT AGE

1. Fill in the blanks: a. Aoife is **ainm** dom b. Eoin **is** ainm **dó** c. Tá sé cúig **bliana** d'aois d. Liam is ainm do mo **dheartháir** e. Tá **sé** seacht **mbliana** d'aois f. Paraic is ainm **dom** g. Tá **mé** dhá **bhliain** d'aois

2. Break the flow: a. Róisín is ainm dom b. Tá mé trí bliana d'aois c. Órla is ainm do mo mháthair d. Tá Máire ocht mbliana déag d'aois e. Tá sé naoi mbliana d'aois f. Cúan is ainm dó g. Seosamh is ainm do m'athair

3. Arrange in the correct order: 1. My name is Daithí 2. I am thirteen years old 3. I have one brother and one sister 4. My brother's name is Seán 5. My sister's name is Síle 6. Seán is fourteen years old 7. Síle is fifteen years old

TRANSCRIPT: Daithí is ainm dom. Tá mé trí bliana déag d'aois. Tá deartháir amháin agus deirfiúr amháin agam. Seán is ainm do mo dheartháir. Síle is ainm do mo dheirfiúr. Tá Seán ceithre bliana déag d'aois. Tá Síle cúig bliana déag d'aois.

4. Spot the differences and correct your text: a. Tómas is ainm **dom** b. Tá mé **dhá** bhliain déag d'aois c. Tá sí **cúig** bliana d'aois d. Tá mo **dheartháir** trí bliana d'aois e. Báiréad is ainm **duit** f. Tá Oisín **naoi** mbliana déag d'aois g. Aoife is ainm do mo **mháthair** h. Ealga is ainm do chara **léi**

5. Faulty translation: spot the translation errors: a. **My** name is Andrea b. **She is** from Ireland c. I have three **brothers** d. My **younger** sister 's name is Saoirse e. My **older** sister's name is Éilis f. Colin is **eleven** years old g. Aisling is **fifteen** years old h. I am **twelve** years old

TRANSCRIPT: a. Andrea is ainm dom b. Is as Éirinn di c. Tá triúr deartháireacha agam d. Saoirse is ainm do mo dheirfiúr níos óige e. Éilis is ainm do mo dheirfiúr níos sine f. Tá Colin aon bhliain déag d'aois g. Tá Aisling cúig bliana déag d'aois h. Tá mé dhá bhliain d'aois

6. Spot the missing words and write them in: a. Pádraig is **ainm** dom b. Tá sé ocht **mbliana** d'aois c. Cormac is **ainm** do m'athair d. **Liam** is ainm do mo **dheartháir** e. Tá Bláithín **trí** bliana **déag** d'aois f. **Tá** Mícheál aon **bhliain déag** d'aois

7. Listen, spot and correct the errors: a. Tá tú sé **bliana** déag d'aois b. Róisín is ainm do **mo** dheirfiúr c. Ellen is ainm **di** d. Paraic is ainm do chara **liom** e. Tá sé cúig **bliana** d'aois f. Tá mé seacht **mbliana** déag d'aois

8. Listen and fill in the grid: María: 12; 2; 0 **Eibhlín:** 14; 4; 1 **Pól:** 8; 1; 1 **Ana:** 11; 0; 0 **Aidan:** 5; 2; 2 **Caoimhín:** 15; 0; 3

TRANSCRIPT: a. María is ainm dom. Tá mé dhá bhliain déag d'aois. Tá beirt deartháireacha agam agus níl aon deirfiúr agam b. Eibhlín is ainm dom. Tá mé ceithre bliana déag d'aois. Tá ceathrar deartháireacha agam. Tá deirfiúr amháin agam c. Pól is ainm dom. Tá mé ocht mbliana d'aois. Tá deartháir amháin agus deirfiúr amháin agam d. Ana is ainm dom. Tá mé aon bhliain déag d'aois. Níl deirfiúr nó deartháir ar bith agam e. Aidan is ainm dom. Tá mé cúig bliana d'aois. Tá beirt

deartháireacha agus beirt deirfiúracha agam f. Caoimhín is ainm dom. Tá mé cúig bliana déag d'aois. Níl deartháir agam agus tá triúr deirfiúracha agam

9. Complete with the missing letters: a. Rachel is ain**m** dom b. Is Éireannach **mé** c. Tá sé trí **b**liana d'aois d. Seán is ainm d**ó** e. Úna is ainm **di** f. Tá Siún naoi **m**bliana d'aois g. Stella is ainm d**uit** h. Marc **is** ainm dom i. Tá Iarfhlaith cei**th**re **b**liana d'aois

10. Translate the sentences you hear into English: a. My name is Cormac b. I am 14 years old c. I have one brother d. I have three sisters e. My older brother's name is Eoin f. Emily is 12 years old g. Aodhán is 15 years old h. What is your name? i. How old are you?

TRANSCRIPT: a. Cormac is ainm dom b. Tá mé ceithre bliana déag d'aois c. Tá deartháir amháin agam d. Tá triúr deirfiúracha agam e. Eoin is ainm do mo dheartháir níos sine f. Tá Emily dhá bhliain déag d'aois g. Tá Aodhán cúig bliana déag d'aois h. Céard is ainm duit? i. Cén aois thú?

11. Narrow listening - Gap-fill: Dia duit, Cillian is **ainm** dom. Tá mé sé **bliana** déag d'aois. Tá beirt deartháireacha **agam**. Franc agus Gearóid **is** ainm dóibh. Tá Franc cúig bliana **déag** d'aois agus tá Gearóid **dhá** bhliain d'aois. Tá **deirfiúr** amháin agam freisin. Aoibhe is ainm **di**. Tá sí **ceithre** bliana déag **d'aois**

12. Narrow listening - Gapped translation: a. Maria b. Galway c. 5 d. younger e. older f. older g. Pól h. 14 i. younger j. 7 k. What l. age m. brothers n. sisters o. they

TRANSCRIPT: Maria is ainm dom. Is as Gaillimh dom in Éirinn. Tá cúigear in mo theaghlach: mo mháthair, m'athair, mo dheartháir níos óige, mo dheartháir níos sine agus mé fhéin. Pól is ainm do mo dheartháir níos sine. Tá sé ceithre bliana déag d'aois. Stiofán is ainm do mo dheartháir níos óige. Tá sé seacht mbliana d'aois. Céard fút? Cén aois thú? An bhfuil deartháireacha nó deirfiúracha agat? Cén aois iad?

UNIT 1 - TALKING ABOUT AGE – DECODING SKILLS

1. Listen and Complete: a. Tá mé trí bliana d'aois b. John is ainm dó c. Rachel is ainm do chara liom d. Tá Diarmuid sé bliana déag d'aois e. Tá tú seacht mbliana d'aois f. Meadhbh is ainm dom g. Tá mo dheartháir aon bhliain d'aois h. Jeaic is ainm do m'athair i. Tá Dara deich mbliana d'aois

2. Choose the correct spelling: a. 2 b. 1 c. 1 d. 2 e. 2 f. 1 g. 2 h. 2 i. 2 j. 1

3. Write it as you hear it – write in brackets how the words sound to your ear:* a. melena b. care-ra c. day-ig d. gah e. bl-he-in f. ann-um g. bl-he-na h. vle-in i. de-is

TRANSCRIPT: a. mbliana b. ceithre c. déag d. dhá e. bliain f. ainm g. bliana h. bhliain i. d'aois

4. Compare the pronunciation of the letters. How do you say them? Write the sounds you hear beside each letter:* a. ee vs eye b. ay vs ee c. oar vs o d. awh vs ah e. uh vs u

TRANSCRIPT: a. í; i b. é; e c. ó; o d. á; a e. ú; u

5. Spot the mistakes: a. Tá mé aon **bhliain** déag d'aois b. Tá sí cúig **bliana** d'aois c. Tá mo **dheartháir** sé bliana d'aois d. Tá mo chara naoi **mbliana** déag d'aois e. Tá sé ocht mbliana **d'aois** f. Tá tú cúig **bliana** d'aois

6. Cross out the slient letter(s) in each word: a. m~~B~~liana b. ~~B~~hliain c. Mo ~~d~~heartháir d. M'~~a~~thair e. A~~i~~nm f. Cei~~th~~re g. Dei~~ch~~ h. Mo ~~d~~heirfiúr

UNIT 2 – SAYING WHEN BIRTHDAYS ARE

1. Fill in the blanks: a. Aodrán is **ainm** dom agus rugadh mé ar an **gcúigiú** lá de **Mhárta** b. Peadar is ainm **dom** agus rugadh mé ar **an gcéad** lá d'**Eanáir** c. **Liam** is ainm dom agus rugadh **mé** ar **an** séú **lá** d'**Iúil** d. Sinéad **is** ainm **di**. Rugadh **í** ar an **seachtú** lá **déag** de Nollaig e. Conor is **ainm dó** agus rugadh **é ar** an **ochtú** lá is **fiche** d'Aibreán

2. Break the flow: a. Rugadh mé ar an tríú lá de Mheán Fómhair b. Rugadh é ar an naoú lá de Bhealtaine c. Cathain a rugadh thú? d. Rugadh mé ar an gcéad lá de Lúnasa e. Rugadh í ar an gcúigiú lá déag de Shamhain f. Cén aois thú? g. Tá mo mháthair daichead bliain d'aois h. Tá mo dheartháir seacht mbliana is fiche d'aois

3. Arrange in the correct order: 1. **Siobhán is ainm dom** 2. Is Éireannach mé 3. Tá mé deich mbliana d'aois 4. Rugadh mé ar an tríú lá d'Iúil 5. Tá deartháir amháin agam 6. Rugadh é ar an gceathrú lá de Bhealtaine 7. Tá cónaí air sa Spáinn

4. Listen, spot and correct the errors: a. Joe is ainm **dó** b. Níl **deirfiúr** agam c. Tá mé **sé bliana** d'aois d. Is **Éireannach** mé e. Tá cónaí **orm** san Iodáil f. Tá mé **trí** bliana déag d'aois g. Rugadh mé ar an **deichiú** lá d'Iúil h. Tá m'aintín trí bliana is **fiche** d'aois i. Rugadh í ar an tríú lá de **Mheán** Fómhair

5. Faulty translation: a. My name is Robert and I am eleven years old. I was born on the 4th **June** b. My mother's name is Ana. She is **28** years old. She was born on the **14th** August c. My father's name is Paraic. He is 39 years old and he was born on the **18th** January d. I have three **sisters** e. My brother Alex is **14**. He was born on the **7th** July f. My sister Niamh is **19** and she was born on the on **22nd March**

TRANSCRIPT: a. Robert is ainm dom agus tá mé aon bhliain déag d'aois. Rugadh mé ar an gceathrú lá de Mheitheamh b. Ana is ainm do mo mháthair. Tá sí ocht mbliana is fiche d'aois. Rugadh í ar an gceathrú lá déag de Lúnasa c. Paraic is ainm do m'athair. Tá sé naoi mbliana is tríocha d'aois. Rugadh é ar an ochtú lá déag d'Eanáir d. Tá triúr deirfiúracha agam e. Tá mo dheartháir Alex ceithre bliana déag d'aois agus rugadh é ar an seachtú lá d'Iúil f. Tá mo dheirfiúr Niamh naoi mbliana déag d'aois agus rugadh í ar an dara lá is fiche de Mhárta

6. Spot the missing words and write them in: Robert **is** ainm **dom** agus **is** Éireannach mé. Tá cúigear i **mo** theaghlach: m'athair, mo mháthair, **mo** bheirt dheartháireacha agus mé fhéin. Pól is ainm **do** mo dheartháir **is** sine agus tá sé cúig **bliana** déag d'aois. Rugadh **é** ar an dara lá **déag de** Mhárta. Riain is ainm do mo dheartháir níos **óige**. Tá sé seacht **mbliana** d'aois agus rugadh **é** ar an ochtú lá d'Fheabhra.

7. Listen, spot and correct the errors: a. Rugadh mé ar an **dara** lá d'Aibreán. b. Pauline is ainm do chara liom. Tá sí **ceithre bliana** déag d'aois agus rugadh í ar an **ochtú** lá d'Eanáir. c. Rugadh cara liom ar an **seachtú** lá déag de Bhealtaine. d. Tá mo mháthair **cúig bliana** is tríocha d'aois agus rugadh í ar an **gcéad** lá de Nollaig. e. Tómás is ainm do chara liom. Tá sé **aon bhliain** déag d'aois agus rugadh é ar an **gcúigiú** lá **is fiche** de Lúnasa.

8. Listen and fill in the grid: a. Andrea; Spain; 12; 03.06 b. Pól; Ireland; 15; 17.07 c. Nina: France; 9; 12.11; d. Dylan: Germany; 18; 11.02 e. Seán; Ireland; 16; 20.09 f. Maria; England; 14; 14.12

TRANSCRIPT:

a. Haigh, **Andrea** is ainm dom agus is Spáinneach mé. Tá mé dhá bhliain déag d'aois. Rugadh mé ar an tríú lá de Mheitheamh

b. Haigh, **Pól** is ainm dom agus is Éireannach mé. Tá mé cúig bliana déag d'aois. Rugadh mé ar an seachtú lá déag d'Iúil

c. Haigh, **Nina** is ainm dom agus is Francach mé. Tá mé naoi mbliana d'aois. Rugadh mé ar an dara lá déag de Shamhain

d. Haigh, **Dylan** is ainm dom agus is Gearmánach mé. Tá mé ocht mbliana déag d'aois. Rugadh mé ar an aonú lá déag d'Fheabhra

e. Haigh, **Seán** is ainm dom agus is Éireannach mé. Tá mé sé bliana déag d'aois. Rugadh mé ar an bhfichiú lá de Mheán Fómhair

f. Haigh, **Maria** is ainm dom agus is Sasanach mé. Tá mé ceithre bliana déag d'aois. Rugadh mé ar an gceathrú lá déag de Nollaig

9. Complete with the missing letters: a. Stiofán is ainm do**m** b. Níl **d**eartháir agam c. Tá deirifúr níos sine agam d. Is **É**ireannach mé e. Tá cónaí orm i**n** Éirinn f. Tá mé cúig blian**a** déag d'aois g. Rugadh mé ar an **g**ceathrú lá d'Iúil h. Tá cara liom seacht **m**bliana déag d'aois i. Rugadh mé ar an deichiú lá d'**A**ibreán

10. Translate the ten sentences you hear into English: a. My name is Ciara b. I am 15 years old c. I was born on the 1st of January d. I have two sisters e. My older sister is called Bria f. She is 17 years old g. She was born on the 14th of July h. My younger sister is called Eibhlín i. She is 12 years old j. She was born on the 10th of November

TRANSCRIPT: a. Ciara is ainm dom b. Tá mé cúig bliana déag d'aois c. Rugadh mé ar an gcéad lá d'Eanáir d. Tá beirt deirfiúracha agam e. Bria is ainm do mo dheirfiúr níos sine f. Tá sí seacht mbliana déag d'aois g. Rugadh í ar an gceathrú lá déag d'Iúil h. Eibhlín is ainm do mo dheirfiúr níos óige i. Tá sí dhá bhliain déag d'aois j. Rugadh í ar an deichiú lá de Shamhain

11. Narrow listening: Dia duit, Siún is ainm **dom** agus is Éireannach mé. Tá mé ceithre **bliana** déag d'aois. Rugadh **mé** ar an **tríochú** lá de Bhealtaine agus tá **beirt** deartháireacha agam. Franc agus Eoin is **ainm** dóibh. Tá Franc **trí** bliana **déag** d'aois agus rugadh **é** ar an bhfichiú lá de Mheitheamh. Tá Eoin seacht **mbliana** déag **d'aois** agus rugadh é ar **an** dara lá **déag** de Lúnasa. Tá deirfiúr **agam** chomh mhaith. Isa is **ainm** di agus tá sí **ocht** mbliana d'aois. **Rugadh** í ar an gcúigiú **lá** d'Aibreán.

12. Narrow listening: Seosamh; Dublin; 18; 13.05; 13; 09.07

TRANSCRIPT: Haigh, Seosamh is ainm dom. Tá cónaí orm i mBaile Átha Cliath. Tá mé ocht mbliana déag d'aois agus rugadh mé ar an tríú lá déag de Bhealtaine. Tá mo dheartháir trí bliana déag d'aois agus rugadh é ar an naoú lá d'Iúil.

13. Narrow listening: My name is Áine. I am **Irish**. I was born on the 6th of **July**. I have a **brother** whose name is **John**. He is **11** years old. He was born on the **13th** of December. My best friend's name is **Ana**. She is **15** years old and she was born on the **10th** of **March**. My **cousin**'s name is Meadhbh. She is **12** years old and she was born on the on **1st** of **April**. My mother is **44** years old and she was born on the **21st** of **February**.

TRANSCRIPT: Áine is ainm dom. Is **Éireannach** mé. Rugadh mé ar an séú lá **d'Iúil.** Tá **deartháir** agam darb ainm **John**. Tá sé **aon bhliain déag** d'aois. Rugadh é ar an **tríú lá déag** de Nollaig. **Ana** is ainm do mo dhlúthchara. Tá sí **cúig bliana déag** d'aois agus rugadh í ar an **deichiú lá de Mhárta**. Meadhbh is ainm do mo **chol ceathrar**. Tá sí **dhá bhliain déag** d'aois agus rugadh í ar an **gcéad lá d'Aibreán**. Tá mo mháthair **ceithre bliana is daichead** d'aois agus rugadh í ar an **aonú lá is fiche** d'**Fheabhra**.

14. Listening slalom:

Seán: My name is Seán; I am Irish; I am 13 years old; I was born on the 6th of July; I have a sister; She was born on the 1st of January

Marc: My brother 's name is Leo; He is French; He is 14 years old; He was born on the 15th of March; He has a girlfriend; She was born on the 7th of; October

Eadaoin: My name is Eadaoin; I am German; I am 21 years old; I was born on the on 30th of August; I have a brother; He was born on the 2nd of; September

Geraldine: My name is Geraldine; I am Spanish; I am 16 years old; I was born on the on 21st of May; I have a sister; She was born on the 12th of March

Cailtín: My name is Cailtín; I am English; I am 9 years old; I was born on the 23rd of June; I have a friend; She was born on the 30th of; November

TRANSCRIPT:

Seán: Seán is ainm dom. Is Éireannach mé. Tá mé trí bliana déag d'aois. Rugadh mé ar an séú lá d'Iúil. Tá deirfiúr agam. Rugadh í ar an gcéad lá d'Eanáir

Marc: Leo is ainm do mo dheartháir. Is Francach é. Tá sé ceithre bliana déag d'aois. Rugadh é ar an gcúigiú lá déag de Mhárta. Tá cailín cara aige. Rugadh í ar an seachtú lá de Dheireadh Fómhair

Eadaoin: Eadaoin is ainm dom. Is Gearmánach mé. Tá mé aon bhliain is fiche d'aois. Rugadh mé ar an tríochú lá de Lúnasa. Tá deartháir agam. Rugadh é ar an dara lá de Mheán Fómhair

Geraldine: Geraldine is ainm dom. Is Spáinneach mé. Tá mé sé bliana déag d'aois. Rugadh mé ar an aonú lá is fiche de Bhealtaine. Tá deirfiúr agam. Rugadh í ar an dara lá déag de Mhárta

Cailtín: Cailtín is ainm dom. Is Sasanach mé. Tá mé naoi mbliana d'aois. Rugadh mé ar an tríú lá is fiche de Mheitheamh. Tá cara agam. Rugadh í ar an tríochú lá de Shamhain.

15. Faulty translation: My name is Aidan. I am **Irish**. I am **12** years old. My parents' names are Adam and Órla. They are **48** years old. My mother was born on the **21st** of March. My father was born on the **4th** of **August**. I have two **brothers**. Their names are Riain and Aindriú. Riain is **10** years old and Aindriú is **11** years old. Riain was born on the 16th of **April** agus Aindriú was born on the **27th** of Ocotber.

TRANSCRIPT: Aidan is ainm dom. Is Éireannach mé. Tá mé dhá bhliain déag d'aois. Adam agus Órla is ainm do mo thuismitheoirí. Tá siad ocht mbliana is daichead d'aois. Rugadh mo mháthair ar an aonú lá is fiche de Mhárta. Rugadh m'athair ar an gceathrú lá de Lúnasa. Tá beirt deatháireacha agam. Riain agus Aindriú is ainm dóibh. Tá Riain deich mbliana d'aois agus tá Aindriú aon bhliain déag d'aois. Rugadh Riain ar an séú lá déag d'Aibreán agus rugadh Aindriú ar an seachtú lá is fiche de Dheireadh Fómhair.

UNIT 2 – SAYING WHEN BIRTHDAYS ARE – DECODING SKILLS

1. Listen and complete: a. **Bh**liain b. O**ch**t c. Dei**ch** d. C**é**ad e. Fi**ch**e f. Ain**m** d**ó** g. M**á**r**t**a h. Beal**t**ai**n**e i. No**ll**aig j. L**ú**nasa k. Ruga**dh** l. Bl**ia**na m. Fi**ch**i**ú** n. I**úil**

2. Write it as you hear it: * no fixed answer

TRANSCRIPT: a. aon b. dhá c. trí d. ceithre e. cúig f. sé g. seacht h. ocht i. naoi j. deich k. déag l. fiche m. tríocha n. d'Eanáir o. d'Fheabhra p. de Mhárta q. d'Aibreán r. de Bhealtaine s. de Mheitheamh t. d'Iúil u. de Lúnasa v. de Mheán Fómhair w. de Dheireadh Fómhair x. de Shamhain y. de Nollaig z. Rugadh

3. Tick the date you hear: a. 1st b. 22nd c. 3rd d. 15th e. 16th f. 27th g. 8th

TRANSCRIPT: a. ar an gcéad lá b. ar an dara lá is fiche c. ar an tríú lá d. ar an gcúigiú lá déag e. ar an séú lá déag f. ar an seachtú lá is fiche g. ar an ochtú lá

4. Write a month starting with each of the letters you hear (Include *de* or *d'* before the month): a. d'Eanáir b. de Dheireadh Fómhair c. d'Aibreán d. d'Fheabhra e. de Lúnasa f. de Nollaig g. d'Iúil h. de Mhárta/ de Mheitheamh/de Mheán Fómhair i. de Shamhain j. de Bhealtaine

TRANSCRIPT: a. E b. D c. A d. F e. L f. N g. I h. M i. S j. B

5. Spot the silent letter(s): a. **m**Bliana b. de B**h**ealtaine c. d'Aibreán d. Ruga**dh** e. de Dheirea**dh** Fómhair f. de Nollaig g. d'Iúil h. de **S**hamhain

6. Listen and write out the dates in numbers: a. 01.05 b. 12.09 c. 25.08 d. 06.01 e. 28.06 f. 31.12 g. 17.02 h. 29.10

TRANSCRIPT: a. ar an gcéad lá de Bhealtaine b. ar an dara lá déag de Mheán Fómhair c. ar an gcúigiú lá is fiche de Lúnasa d. ar an séú lá d'Eanáir e. ar an ochtú lá is fiche de Mheitheamh f. ar an aonú lá is tríocha de Nollaig g. ar an seachtú lá déag d' Fheabhra h. ar an naoú lá is fiche de Dheireadh Fómhair

UNIT 3 – DESCRIBING HAIR AND EYES

1. Fill in the blanks: a. Tá gruaig **dhonn** orm b. Tá gruaig **fhionn** ar mo dheartháir c. Tá **súile** glasa agam d. Tá **gruaig** dhubh air agus tá súile **gorma** aige e. Caitheann mo dheirfiúr **spéaclaí** f. Tá **gruaig** ghearr ar mo mháthair

2. Break the flow: a. Tá gruaig rua orm b. Tá súile glasa agam c. Tá súile gorma aige d. Tá gruaig chatach dhubh air e. Caitheann sé spéaclaí f. Tá gruaig fhada uirthi agus tá súile gorma aici g. Tá súile glasa aici agus caitheann sí spéaclaí

3. Arrange in the correct order: 1. **Tómas is ainm dom** 2. Is Éireannach mé 3. Tá mé aon bhliain déag d'aois 4. Rugadh mé ar an tríochú lá de Mhárta 5. Tá súile donna agam 6. Tá gruaig fhionn ghearr orm 7. Tá deartháir agam 8. Tá sé cúig bliana déag d'aois 9. Rugadh é ar an séú lá is fiche de Bhealtaine 10. Tá gruaig dhubh air agus tá súile gorma aige

4. Spot the intruders: a. Tá gruaig ~~dhonn~~ fhada orm b. Tá gruaig rua ~~ghearr~~ uirthi c. Tá gruaig ~~fhionn~~ chatach ar mo chara d. Níl gruaig dhubh ~~fhada~~ ar chara liom e. Tá gruaig ildaite ~~chatach~~ ar mo dheirfiúr f. Tá gruaig fhionn ~~fhada~~ ar m'athair

5. Listen, spot and correct the errors: a. Sinéad is ainm **dom** b. Tá mé deich **mbliana** d'aois c. Is **Éireannach** mé d. Rugadh mé ar an **gceathrú** lá déag d'Aibreán e. Tá gruaig **dhonn** fhada orm f. Tá súile glasa **agam** g. Tá mo chara trí **bliana** déag d'aois h. Tá gruaig **fhionn chatach** uirthi agus tá súile donna **aici** i. Tá súile **gorma** aige

6. Fill in the blanks: a. Tá gruaig **fh**ionn **fh**ada orm b. Tá gruaig **dh**onn gh**earr** orm c. Tá súil**e** glas**a** agam d. Tá súil**e** don**na** agam e. Tá s**úile** gor**ma** ag**am** f. Ní chaith**im** spéaclaí g. Níl croim**éal** o**rm** h. Tá f**éasóg** o**rm** i. Tá croiméal **ar** mo **dh**eartháir j. Tá súil**e** gorma **ag** mo **dh**eirfiúr

7. Faulty translation: a. I am **fifteen** years old b. I was born on the 14th of **July** c. I have **three** brothers d. I have brown **short** hair e. I have **green** eyes and I wear glasses f. My brother's name is Paraic. He is **nineteen** years old g. He was born on the on 20th **June** h. He has blonde **straight** hair i. He has **blue** eyes and he wears glasses j. He has a **beard**

TRANSCRIPT: a. Tá mé cúig bliana déag d'aois b. Rugadh mé ar an gceathrú lá déag d'Iúil c. Tá triúr deartháireacha agam d. Tá gruaig dhonn ghearr orm. e. Tá súile glasa agam agus caithim spéaclaí f. Paraic is ainm do mo dheartháir. Tá sé naoi mbliana déag d'aois g. Rugadh é ar an bhfichiú lá de Mheitheamh h. Tá gruaig fhionn dhíreach air i. Tá súile gorma aige agus caitheann sé spéaclaí j. Tá féasóg air

8. Spot the missing words and write them in: Daithí is ainm **dom**. Tá gruaig fhionn fhada orm agus **tá** súile **gorma** agam. Máire is ainm do **mo** mháthair. Tá gruaig ildaite chatach **uirthi** agus tá súile glasa aici. Mícheál is ainm **do** m'athair. Tá **gruaig** dhubh ghearr air agus tá súile **donna** aige. Caitheann **sé** spéaclaí. Níl croimeál **air** ach tá **féasóg** air. Laura **is** ainm do mo dheirfiúr. Tá gruaig rua **fhada** uirthi agus tá súile donna **aici**. Tá deartháir agam. Pól is ainm **dó**. Tá gruaig dhubh **ghearr** air agus tá **súile** glasa aige. **Ní** chaitheann sé spéaclaí.

9. Listen, spot and correct the errors: a. Mícheál **is** ainm dom b. Tá mé trí **bliana** déag d'aois c. Tá gruaig **fhionn fhada orm** d. Tá súile **donna agam** e. **Caithim** spéaclaí f. Pól is ainm do mo **dheartháir** g. Tá mé ceithre **bliana** déag d'aois

10. Listen and fill in the grid: Jim: Red; Blue; Yes **Pat:** Brown; Brown; No **Nora:** Grey; Green; No **Polly:** Blonde; Blue; No **Martina:** Red; Brown; Yes

TRANSCRIPT: Jim: Jim is ainm dom. Tá gruaig rua orm agus tá súile gorma agam. Caithim spéaclaí. **Pat:** Pat is ainm dom. Tá gruaig dhonn orm agus tá súile donna agam. Ní chaithim spéaclaí. **Nora:** Nora is ainm dom. Tá gruaig liath orm agus tá súile glasa agam. Ní chaithim spéaclaí. **Polly:** Polly is ainm dom. Tá gruaig fhionn orm agus tá súile gorma agam. Ní chaithim spéaclaí. **Martina:** Martina is ainm dom. Tá gruaig rua orm agus tá súile donna agam. Caithim spéaclaí.

11. Translate the ten sentences you hear into English: a. I have brown hair b. My mother has blonde hair c. My father has brown long hair d. My brother has red hair e. My sister has brown eyes f. I have blue eyes g. My mother has green eyes h. My father has long hair i. My brother has blue eyes j. My sister has short hair

TRANSCRIPT: a. Tá gruaig dhonn orm b. Tá gruaig fhionn ar mo mháthair c. Tá gruaig dhonn fhada ar m'athair d. Tá gruaig rua ar mo dheartháir e. Tá súile donna ag mo dheirfiúr f. Tá súile gorma agam g. Tá súile glasa ag mo mháthair h. Tá gruaig fhada ar m'athair i. Tá súile gorma ag mo dheartháir j. Tá gruaig ghearr ar mo dheirfiúr

12. Narrow listening: My **name** is Úna and I am **15** years old. I was born on the **12th of January**. There are **5 people** in my family: my father, **my mother**, my two **sisters** and me. My mother has **brown** curly hair. She has **blue** eyes. My father has **grey** short hair. He has **brown** eyes. My two sisters have **blonde** straight hair. They have **green** eyes. I have brown **short** hair. I used to have **long** hair.

TRANSCRIPT: Úna is ainm dom agus tá mé cúig bliana déag d'aois. Rugadh mé ar an dara lá déag d'Eanáir. Tá cúigear i mo theaghlach: m'athair, mo mháthair, mo bheirt deirfiúracha agus mé fhéin. Tá gruaig dhonn chatach ar mo mháthair. Tá súile gorma aici. Tá gruaig liath ghearr ar m'athair. Ta súile donna aige. Tá gruaig fhionn dhíreach ar mo bheirt deirfiúracha. Tá súile glasa acu. Tá gruaig dhonn ghearr orm. Bhíodh gruaig fhada orm.

13. Listening slalom:

Franc - My name is Franc; I am Irish; but I live in England; I have no brother; I have brown long hair; I have blue eyes

Annie: My name is Annie; I am German; but live I in America; I have two brothers; I have black; long hair; I have green eyes

Caoimhín: My name is Caoimhín; I am American; but live I in Italy; I have a brother and a sister; I have blonde short; straight hair; I have brown eyes

Máire: My name is Máire; I am English; but live in France; I have a brother; I have brown short; curly hair; I have blue eyes

Joe: My name is Joe; I am Spanish; but I live in Ireland; I have a sister; I have red long; straight hair; I have brown eyes

TRANSCRIPT:

Franc: Franc is ainm dom. Is Éireannach mé ach tá cónaí orm i Sasana. Níl deartháir agam. Tá gruaig dhonn fhada orm. Tá súile gorma agam.

Annie: Annie is ainm dom. Is Gearmánach mé ach tá cónaí orm i Meiriceá. Tá beirt deartháireacha agam. Tá gruaig dhubh fhada orm. Tá súile glasa agam.

Caoimhín: Caoimhín is ainm dom. Is Méiriceánach mé ach tá cónaí orm san Iodáil. Tá deartháir agus deirfiúr agam. Tá gruaig fhionn ghearr dhíreach orm. Tá súile donna agam.

Máire: Máire is ainm dom. Is Sasanach mé ach tá cónaí orm sa Fhrainc. Tá deartháir agam. Tá gruaig dhonn ghearr chatach orm. Tá súile gorma agam.

Joe: Joe is ainm dom. Is Spáinneach mé ach tá cónaí orm in Éirinn. Tá deirfiúr amháin agam. Tá gruaig rua fhada dhíreach orm. Tá súile donna agam.

14. Fill in the grid: Marc: Example **Andrea:** 15, one sister, green **Aindriú:** 15th January, brown, short, straight **Éabha:** 10, three sisters, brown **Máire:** 25th December, red, short **Caitríona:** 14, no brother or sister, blue

TRANSCRIPT:

Marc: Marc is ainm dom. Tá mé dhá bhliain déag d'aois agus rugadh mé ar an tríú lá déag de Lúnasa. Tá deartháir agus deirfiúr amháin agam. Tá gruaig fhionn ghearr chatach orm agus tá súile donna agam

Andrea: Andrea is ainm dom. Tá mé cúig bliana déag d'aois agus rugadh mé ar an bhfichiú lá de Mheitheamh. Tá deirfiúr amháin agam. Tá gruaig dhonn fhada orm agus tá súile glasa agam

Aindriú: Aindriú is ainm dom. Tá mé sé bliana déag d'aois agus rugadh mé ar an gcúigiú lá déag d'Eanáir. Tá beirt deartháireacha agam. Tá gruaig dhonn ghearr dhíreach orm agus tá súile gorma agam

Éabha: Éabha is ainm dom. Tá mé deich mbliana d'aois agus rugadh mé ar an ochtú lá de Mhárta. Tá triúr deirfiúracha agam. Tá gruaig dhonn ghearr orm agus tá súile donna agam

Máire: Máire is ainm dom. Tá mé aon bhliain déag d'aois agus rugadh mé ar an gcúigiú lá is fiche de Nollaig. Tá deartháir amháin agam. Tá gruaig rua ghearr orm agus tá súile glasa agam

Caitríona: Caitríona is ainm dom. Tá mé ceithre bliana déag d'aois agus rugadh mé ar an naoú lá déag de Bhealtaine. Níl deartháir nó deirfiúr agam. Tá gruaig dhubh ghearr chatach orm agus tá súile gorma agam

UNIT 3 – DESCRIBING HAIR AND EYES – DECODING SKILLS

1. What are the words? Listen to the recording and write the letters you hear and mark the box if they are used for hair or for eyes: a. Gorma E ☒ b. Dhubh H ☒ c. Fhionn H ☒ d. Donna E ☒ e. Rua H ☒ f. Glasa E ☒

2. Complete the words: a. Gla**sa** b. **Dh**ubh c. Gor**ma** d. … is ainm **do**m e. S**ú**ile f. Cúig **b**liana g. D'**a**ois h. Gruaig **fh**ionn i. Súi**l**e donn**a** j. Ruga**dh**

3. Tick the correct box whether the réamhfhocal is used for descrbing hair or eyes: a. orm – Gruaig b. air – Gruaig c. agam – Súile d. uirthi – Gruaig e. agat – Súile f. aici – Súile g. ort – Gruaig h. aige – Súile

4. Faulty echo: a. Glas **(Glasa)** b. Dubh **(Dhubh)** c. Fhionn **(Fionn)** d. Chatach **(Catach)** e. Gorma **(Gorm)** f. Dhíreach **(Díreach)** g. Dhubh **(Dubha)** h. Donna **(Dhonn)** i. Ghearr **(Gearr)**

5. Spot the pronunciation errors: a. donn instead of dhonn b. gorm instead of gorma c. fionn instead of fhionn; agam instead of orm d. súil instead of súile e. caithim instead of chaithim f. dheirfiúr instead of deirfiúr g. bliana instead of mbliana; aois instead of d'aois h. mbliana instead of bliain i. dhonn instead of donna j. ghlas instead of glasa

TRANSCRIPT: a. Tá gruaig donn orm b. Tá súile gorm agam c. Tá gruaig fionn chatach agam d. Tá súil glasa agam e. Ní caithim spéaclaí f. Tá dheirfiúr agam g. Tá sí seacht bliana déag d'aois h. Tá sí tríocha mbliana d'aois i. Tá súile dhonn aige j. Tá súile ghlas agat

6. Track the sounds: 'á'- 10; séimhiú – 5; 'dh' – 3

TRANSCRIPT: Sinéad is ainm dom. T**á** mé cúig bliana déag d'aois. Ruga**dh** mé ar an dara l**á** déag de Mh**á**rta. T**á** beirt deirfiúracha agam. Is cúpla iad. T**á** gruaig **dh**ubh **ch**atach orm. T**á** súile glasa agam. T**á** gruaig **dh**onn ar mo **dh**eirfiúr Órla agus t**á** súile donna ag Gr**á**inne. Ruga**dh** iad ar an trí**ú** l**á** is fiche de Lúnasa.

UNIT 4 – SAYING WHERE A PERSON IS FROM AND LIVING

1. Fill in the blanks: a. Dia duit. Daithí is ainm dom. Tá **cónaí** orm i dteach **mór** i lár an bhaile b. Haigh, conas atá tú? Cónaill is ainm **dom**. Tá cónaí **orm** i dteach beag ar an **gcósta** c. **Cén chaoi** a bhfuil tú? Tá cónaí orm **i** dteach galánta agus is **as** Maigh Eo **dom** d. Dia **duit**. Gearóid is ainm dom. **Is** as Uibh Fháilí i **lár na tíre** dom e. Conas atá **tú**? Is as Gaillimh **do** mo **chara** agus tá cónaí **air** i dteach gránna ar **imeall** an bhaile f. **Dia duit**. Bríd is **ainm** dom. Tá cónaí orm i **dteach beag** i lár an bhaile le mo **theaghlach**

2. Multiple choice quiz: select the correct location: John: Gaillimh **Seán:** Corcaigh **Pól:** Doire **Peadar:** Ceartharlach **Siobhán:** Uibh Fháilí **Annie:** An Iarmhí **Paraic:** An Dún **Mícheál:** Liatroim

TRANSCRIPT: a. Tá cónaí ar John i nGaillimh b. Tá cónaí ar Sheán i gCorcaigh c. Tá cónaí ar Phól i nDoire d. Tá cónaí ar Pheadar i gCeatharlach e. Tá cónaí ar Shiobhán in Uibh Fháilí f. Tá cónaí ar Annie san Iarmhí g. Tá cónaí ar Pharaic sa Dún h. Tá cónaí ar Mhícheál i Liatroim

3. Spot the intruders – Identify the words the speaker is NOT saying: Dia duit. Seosamh is ainm dom. Ta mé ~~aois~~ trí bliana déag d'aois agus tá cónaí orm i dteach mór ~~galánta~~ ar an gcósta. Is as Dún na nGall, in oirthuaisceart na hÉireann, dom. Tá ceathrar ~~daoine~~ i mo theaghlach. Tá m'athair ~~mbliana~~ seacht mbliana is tríocha d'aois agus tá ~~na~~ súile gorma aige. Tá mo mháthair ~~is~~ daichead bliain d'aois agus tá gruaig chatach uirthi.

4. Geographical mistakes: listen and correct: Nancy is ainm dom agus is as Baile Átha Claith, ~~i dtuaisceart~~ **in oirthear** na hÉireann, dom b. Séamus is ainm dom agus is as an gClár ~~i lár na tíre~~ **i ndeisceart na hÉireann**, dom c. Aodhán is ainm dom agus is as Dún na nGall, ~~in iarthar~~ **i dtuaisceart** na hÉireann, dom d. Cian is ainm dom agus is as Laois, ~~i ndeisceart na hÉireann~~ **i lár na tíre**, dom e. Eimear is ainm dom agus is as Cill Chainnigh, ~~in oirthuaisceart~~ **in oirdheisceart** na hÉireann, dom f. Órla is ainm dom agus is as Doire, ~~in iardheisceart,~~ **in iarthuaisceart** na hÉireann, dom

5. Spelling challenge: which place names are being said: a. Ciarraí b. Cill Mhantáin c. An Lú d. Gaillimh e. Doire f. Ceartharlach g. Luimneach

6. Faulty translation: spot the translation errors and correct them: My name is Maya. I am Irish. I am **twelve** years old. I am from **Dublin** in the east of Ireland. I have **green** eyes. I have **brown long** curly hair. I live with my **mother** and with my **two** brothers, Seán and Paraic. I live in a **small house** in the town centre. The house is in an **old** building. My **father** lives in a **small** house on the coast. He lives in an **ugly small** house.

TRANSCRIPT: Maya is ainm dom. Is Éireannach mé. Tá mé dhá bhliain déag d'aois. Is as Baile Átha Claith in oirthear na hÉireann dom. Tá súile glasa agam. Tá gruaig dhonn fhada chatach orm. Tá cónaí orm le mo mháthair agus le mo bheirt deartháireacha, Seán agus Paraic. Tá cónaí orm i dteach beag i lár an bhaile. Tá an teach i seanfhoirgneamh. Tá cónaí ar m'athair i dteach beag ar an gcósta. Tá cónaí air i dteach beag gránna.

7. Spot the missing words and write them in: a. Is as Laois i lár **na** tíre dom. Tá cónaí orm **i** dteach beag i lár an bhaile b. Is **as** an Lú, in oirthear na hÉireann, **dom**. Tá cónaí orm i dteach gránna ar imeall an bhaile. c. Is as Cill Chainnigh, in oirdheisceart **na** hÉireann, dom. Tá **cónaí** orm in árasán mór ar **an** gcósta. d. **Is** as Tír Eoghain, i dtuaisceart na hÉireann dom. Tá cónaí **orm** i dteach galánta i **lár** an bhaile.

8. Complete the grid in English: a. Ana; Roscommon; House; Town centre; Big & ugly b. Conchobar; Waterford; Flat; Coast: Small & ugly c. John; Kilkenny; Flat; Edge of town; Small & beautiful d. Peadar; Galway; House; Town centre; Big & beautiful e. Teresa; Cork; House; Edge of town; Small & modern building f. Aoife; Kerry; Flat; Coast; Big & beautiful g. Gearóid; Sligo; House; Town centre; Small & old building h. Úna; Wexord; Flat; Edge of town; Beautiful & modern building

TRANSCRIPT: a. Dia duit, Ana is ainm dom. Is as Ros Comáin dom agus tá cónaí orm i dteach mór gránna i lár an bhaile b. Dia duit, Conchubhar is ainm dom. Is as Port Láirge dom agus tá cónaí orm in árasán beag gránna ar an gcósta c. Dia duit, John is ainm dom. Is as Cill Chainnigh dom agus tá cónaí orm in árasán beag galánta ar imeall an bhaile d. Dia duit, Peadar is ainm dom. Is as Gaillimh dom agus tá cónaí orm i dteach mór galánta i lár an bhaile e. Dia duit, Teresa is ainm dom. Is as Corcaigh dom agus tá cónaí orm i dteach beag atá i bhfoirgneamh nua-aimseartha ar imeall an bhaile f. Dia duit, Aoife is ainm dom. Is as Ciarraí dom agus tá cónaí orm in árasán mór galánta ar an gcósta g. Dia duit, Gearóid is ainm dom. Is as Sligeach dom agus tá cónaí orm i dteach beag atá i seanfhoirgneamh i lár an bhaile h. Dia duit, Úna is ainm dom. Is as Loch Garman dom agus tá cónaí orm in árasán galánta atá i bhfoirgneamh nua-aimseartha ar imeall an bhaile.

9. Narrow listening - Gapped translation: My name is Julian. I am **17** years old and I was born on the **30th** of August. I **am from** Dublin in the **east** of Ireland. I live in an **old** building on the **edge of town**. I have two **sisters** whose names Marta and Sorcha. Marta is **15** years old. Sorcha has **blonde** hair and she has **blue** eyes. My friend is from **Mayo** but she lives in the east of **Ireland** like **me**. She lives in a modern **building** in the **town centre**. She lives in a **big** flat.

TRANSCRIPT: Julian is ainm dom. Ta mé seacht mbliana déag d'aois agus rugadh mé ar an tríochú lá de Lúnasa. Is as Baile Átha Cliath, in oirthear na hÉireann, dom. Tá cónaí orm i seanfhoirgneamh ar imeall an bhaile. Tá beirt deirfiúracha agam darb ainm Marta agus Sorcha. Tá Marta cúig bliana déag d'aois. Tá gruaig fhionn ar Shorcha agus tá súile gorma aici. Is as Maigh Eo do chara liom ach tá cónaí uirthi in oirthear na hÉireann, cosúil liomsa. Tá cónaí uirthi i bhfoirgneamh nua-aimseartha i lár an bhaile. Tá cónaí uirthi in árasán mór.

10. Listening slalom: Órla: I am from Antrim which is near Belfast; I am 15 years old and; I live in a small flat; in a modern building; My flat is ugly and small **Aoife:** I am from Westmeath; I live near Mullingar; I am 12 years old and; I live in a small house; on the edge of town; My house; is modern **Liam:** I am from Laois but; I live in Longford; I am 16 years old and; I live in a flat; that is in an old building; My flat is small; and beautiful **Ciara:** I am Irish but; I live in Spain; I am 14 years old and; I live in a big house; on the coast; I like my house; because it is big **Noelle:** I am from Carlow but; I live in Kilkenny; I am 13 years old and; I live in a small house; that is in the town centre; My house is ugly; but big

TRANSCRIPT:

Órla: Is as Aontroim dom atá gar do Bhéal Feirste. Tá mé cúig bliana déag d'aois agus tá cónaí orm in árasán beag i bhfoirgneamh nua-aimseartha. Is árasán gránna agus beag é m'árasán

Aoife: Is as an Iarmhí dom. Tá cónaí orm gar don Mhuileann gCearr. Tá mé dhá bhliain déag d'aois agus tá cónaí orm i dteach beag ar imeall an bhaile. Is teach nua-aimseartha é mo theach

Liam: Is as Laois dom ach tá cónaí orm i Longfort. Tá mé sé bliana déag d'aois agus tá cónaí orm in árasán atá i seanfhoirgneamh. Is árasán beag agus galánta é m'árasán

Ciara: Is Éireannach mé ach tá cónaí orm sa Spáinn. Tá mé ceithre bliana déag d'aois agus tá cónaí orm i dteach mór ar an gcósta. Is maith liom mo theach mar go bhfuil sé mór

Noelle: Is as Ceatharlach dom ach tá cónaí orm i gCill Chainnigh. Tá mé trí bliana déag d'aois agus tá cónaí orm i dteach beag atá i lár an bhaile. Is teach gránna ach mór é mo theach

11. Narrow listening: fill in the grid as shown in the example:

Marc: Marc; 14; 20th May; Kilarney; House; Big; Coast

Franc: Franc; 19; 1st January; Tallaght; Flat; Small; Town centre

Aisling: Aisling; 22; 5th March; Loughboy; Flat; Beauitful; Edge of town

Siobhán: Siobhán; 41; 22nd August; Arklow; House; Big; Coast

Máire: Máire; 18; 13th September; Belfast; House; Ugly; Town centre

Síle: Síle; 36; 31st July; Cobh; Flat; Modern; Edge of town

TRANSCRIPT:

Marc: Marc is ainm dom. Tá mé ceithre bliana déag d'aois agus rugadh mé ar an bhfichiú lá de Bhealtaine. Tá cónaí orm i gCill Airne i dteach mór atá ar an gcósta

Franc: Franc is ainm dom. Tá mé naoi mbliana déag d'aois agus rugadh mé ar an gcéad lá d'Eanáir. Tá cónaí orm i dTamhlacht in árasán beag atá i lár an bhaile

Aisling: Aisling is ainm dom. Tá mé dhá bhliain is fiche d'aois agus rugadh mé ar an gcúigiú lá de Mhárta. Tá cónaí orm i Loch Buí in árasán galánta atá ar imeall an bhaile

Siobhán: Siobhán is ainm dom. Tá mé aon bhliain is daichead d'aois agus rugadh mé ar an dara lá is fiche de Lúnasa. Tá cónaí orm san Inbhear Mór i dteach mór ar an gcósta

Máire: Máire is ainm dom. Tá mé ocht mbliana déag d'aois agus rugadh mé ar an tríú lá déag de Mheán Fómhair. Tá cónaí orm i mBéal Feirste i dteach gránna i lár an bhaile

Síle: Síle is ainm dom. Tá mé sé bliana is tríocha d'aois agus rugadh mé ar an aonú lá is tríocha d'Iúil. Tá cónaí orm sa Chóbh in árasán nua-aimseartha ar imeall an bhaile

UNIT 4 – SAYING WHERE A PERSON IS FROM AND LIVING – DECODING SKILLS

1. Listen to the two pairs and explain the difference in your own words: Students carry out the task, then discuss their answers with with one or more classmates first, then feedback to teacher in whole-class discussion

TRANSCRIPT: a. Roscommon; Ros Comáin b. Laois; Laois c. Mayo; Maigh Eo d. Tyrone; Tír Eoghan e. Meath; An Mhí f. Longford; Longfort g. Kerry; Ciarraí h. Sligo; Sligeach

2. Complete the words: a. C**ósta** b. Ime**all** c. Árá**sán** d. Te**ach** e. Gal**á**nta f. **Beag** g. **Gr**ánn**a** h. Mór i. **Nua**-aimse**artha** j. Seanf**h**oirgneamh

3. Write out the counties that are being said: a. Uibh Fháilí b. An Iarmhí c. Gaillimh d. Baile Átha Claith e. Corcaigh f. Doire g. Ard Mhaca h. Cill Mhantáin

4. Faulty echo: a. I dteach (**I teach**) b. Ar an gcósta (**Ar an cósta**) c. Ar imeall an bhaile (**Ar imeall an baile**) d. Seanfhoirgneamh (**Seanfoirgneamh**) e. In oirthear na hÉireann (**I oirthear na hÉire**) f. I gCúige Mumhan (**I Cúige Mumhan**) g. I gCúige Chonnacht (**I Cúige Chonnachta**) h. I lár na tíre (**I lár an tír**)

5. Spot the errors: a. Tá cónaí orm i **teach mhór** b. Tá cónaí orm **i** árasán beag c. Is as an **Clár** dom d. Is as Cill Dara, i **deisceart an tíre**, dom e. Tá cónaí orm i dteach i **seanfoirgneamh** f. Tá cónaí orm ar an **cósta** g. Is **an** Liatroim dom h. Tá cónaí orm in árasán i bhfoirgneamh **nuaaimseartha**

TRANSCRIPT: a. Tá cónaí orm i dteach mór b. Tá cónaí orm in árasán beag c. Is as an gClár dom d. Is as Cill Dara, i ndeisceart na tíre, dom e. Tá cónaí orm i dteach i seanfhoirgneamh f. Tá cónaí orm ar an gcósta g. Is as Liatroim dom h. Tá cónaí orm in árasán i bhfoirgneamh nua-aimseartha

6. Track the sound: a: 1; 2; 1 b. 1; 3; 2 c. 2; 1; 2

TRANSCRIPT: a. Mícheál is ainm dom. Is as Cill Chainnigh, in oirdheisceart na hÉireann, dom. Tá cónaí orm i **d**teach **mór** i lár an bhaile b. Siún is ainm dom. Is as Corcaigh, i **n**deisceart na tíre, dom. Tá cónaí orm in **árasán gránna** i **sean**fhoirgneamh c. Caoimhe is ainm dom. Is as Gaillimh, in iarthar na hÉireann, dom. Tá cónaí orm i **d**teach **beag galánta** ar an **g**cósta

UNIT 5 – TALKING ABOUT MY FAMILY MEMBERS

1. Fill in the blanks: a. Tá c**ú**igear i m**o** theaghlach b. Tá mo d**h**earth**á**ir sé **b**liana is fi**c**he d'aois c. Réitím g**o** maith le mo mh**á**thair d. T**á** sé ocht mbliana is daichead d'aoi**s** e. Ní r**é**itím go **maith** le m'**uncail** f. Tá sí dh**á** bhliain is seasca d'aois g. **R**éitím go **m**aith le mo **c**hol ceathrar

2. Break the flow: a. Tá m'aintín ceithre bliana is caoga d'aois b.Tá mo mháthair trí bliana is tríocha d'aois c. Tá cara liom deich mbliana d'aois d. Tá mo dheirfiúr cúig bliana déag d'aois e. Tá mé sé bliana déag d'aois f. Réitím go maith le mo dhearthair níos óige g. Tá cúigear i mo theaghlach

3. Multiple choice quiz: a. 50 b. 90 c. 30 d. 70 e. 46 f. 95 g. 33 h. 21 i. 67

TRANSCRIPT: a. Jamie is ainm dom. Tá mé caoga bliain d'aois b. Susan is ainm do mo sheanmháthair. Tá sí nócha bliain d'aois c. Séamus is ainm do m'uncail. Tá sé tríocha bliain d'aois d. Pól is ainm do mo chara. Tá sé seachtó bliain d'aois e. Marina is ainm do m'aintín. Tá sí sé bliana is daichead d'aois f. Colm is ainm do mo sheanathair. Tá sé cúig bliana is nócha d'aois g. Éamon is ainm do mo chol ceathrar. Tá sé trí bliana is tríocha d'aois h. Peadar is ainm do mo dhearthair. Tá sé aon bhliain is fiche d'aois i. Máirtín is ainm do m'uncail. Tá sé seacht mbliana is seasca d'aois

4. Spot the intruders: a. Tá ceathrar ~~daoine~~ i mo theaghlach b. Ní réitím ~~mé~~ go maith le m'uncail c. Rosie is ainm do m~~o~~ aintín d. Tá sé seacht mbliana ~~is~~ déag d'aois e. Tá cúigear ~~i~~ sa teaghlach f. Réitím ~~mé~~ go maith le mo theaghlach

5. Listen, spot and correct the errors: a. Tá mé ceithre **bliana** is caoga d'aois b. Tá **cúigear** i mo theaghlach c. Séamus is ainm do mo **sheanathair** d. **Réitím** go maith **le** mo dhearthair e. Colin is ainm do mo **dhearthair** níos sine f. I mo theaghlach, tá mo thuismitheoirí agus mo **dheirfiúracha ann** g. Tá m'aintín seachtó **bliain** d'aois

6. Complete the word and then write out the age it refers to in brackets: a. Ceithre bliana is fi**c**he (24) b. Sé bliana is caoga (56) c. Dhá bhliain is tríocha (32) d. C**é**ad bliain (100) e. **N**aoi **m**bliana d**é**ag (19) f. Trí bliana is fi**c**he (23) g. Seacht mbliana is ochtó (87)

7. Faulty translation: a. My name is Aoife. I am **17** years old b. I have blonde **short** hair c. I have **green** eyes d. In my family, there are **5** people: my father, my mother, my **sister**, my brother and I e. My father is **55** years old, my mother is **53** years old and my sister is 9 years old f. My aunt's name is Rachel. My aunt is **50** years old g. My grandparents are **70** years old h. My grandfather is **86** years old i. I have **brown** eyes and I **do not** wear glasses

TRANSCRIPT: a. Aoife is ainm dom. Tá mé seacht mbliana déag d'aois b. Tá gruaig fhionn ghearr orm c. Tá súile glasa agam d. Tá cúigear i mo theaghlach: m'athair, mo mháthair, mo dheirfiúr, mo dhearthair agus mé fhéin e. Tá m'athair cúig bliana is caoga d'aois, tá mo mháthair trí bliana is caoga d'aois agus tá mo dheirfiúr naoi mbliana d'aois f. Rachel is ainm do m'aintín. Tá m'aintín caoga bliain d'aois g. Tá mo sheantuismitheoirí seachtó bliain d'aois h. Tá mo sheanathair sé bliana is ochtó d'aois i. Ta súile donna agam agus ní chaithim spéaclaí

8. Spot and write in the missing words: a. is b. mé c. ag d. an; de e. mo f. is g. sé h. dhubh i. an- j. ar

TRANSCRIPT: a. Paraic is ainm dó b. Is Éireannach mé c. Tá súile gorma ag mo dheartháir d. Rugadh mé ar an gcúigiú lá de Nollaig e. Tá cúigear i mo theaghlach f. Tá m'aintín sé bliana is daichead d'aois g. Caitheann sé spéaclaí h. Tá gruaig dhubh fhada air i. Tá gruaig an-ghearr ort j. Tá féasóg ar chara liom

9. Listen, spot and correct the errors: a. Tá súile **gorma** ag m'athair b. Tá sé cúig **bliana** is fiche d'aois c. Rugadh mé ar an **gcéad** lá d'Fheabhra d. Roibeárd is ainm do **m'uncail** e. Níl croiméal **ar** m'athair f. Tá m'aintín ocht **mbliana** is caoga d'aois g. Tá gruaig **chatach** uirthi h. Tá gruaig rua **orm** i. **Réitím** go maith le mo chol ceathrar

10. Fill in the table: a. 56; 48; 18 b. 43; 42; 15 c. 46; 51; 23 d. 55; 53; 19 e. 65; 68; 29 f. 54; 50; 10

TRANSCRIPT: a. Alex is ainm dom. Tá m'athair sé bliana is caoga d'aois. Tá mo mháthair ocht mbliana is daichead d'aois. Tá mo dheirfiúr ocht mbliana déag d'aois b. Pól is ainm dom. Tá m'athair trí bliana is daichead d'aois. Tá mo mháthair dhá bhliain is daichead d'aois. Tá mo dheartháir cúig bliana déag d'aois c. Nina is ainm dom. Tá m'athair sé bliana is daichead d'aois. Tá mo mháthair aon bhliain is caoga d'aois. Tá mo dheirfiúr trí bliana is fiche d'aois d. Dylan is ainm dom. Tá m'athair cúig bliana is caoga d'aois. Tá mo mháthair trí bliana is caoga d'aois. Tá mo dheartháir naoi mbliana déag d'aois e. Michelle is ainm dom. Tá m'athair cúig bliana is seasca d'aois. Tá mo mháthair ocht mbliana is seasca d'aois. Tá mo dheartháir naoi mbliana is fiche d'aois f. Marta is ainm dom. Tá m'athair ceithre bliana is caoga d'aois. Tá mo mháthair caoga bliain d'aois. Tá mo dheirfiúr deich mbliana d'aois

11. Translate the 10 sentences you hear into English: a. I have blue eyes b. She has black very short hair c. I get along well with my sister d. His name is Patrick e. My aunt is 53 years old f. I don't have moustache g. She wears glasses h. I have one sister i. He has spiky hair j. My grandmother is 70 years old

TRANSCRIPT: a. Tá súile gorma agam b. Tá gruaig dhubh an-ghearr uirthi c. Réitím go maith le mo dheirfiúr d. Patrick is ainm dó e. Tá m'aintín trí bliana is caoga d'aois f. Níl croiméal orm g. Caitheann sí spéaclaí h. Tá deirfiúr amháin agam j. Tá gruaig spíceach air j. Tá mo sheanmháthair seachtó bliain d'aois

12. Narrow listening: Gapped translation: a. name b. west c. 27 d. 17th e. March f. brown g. curly h. blue i. 5 j. mother k. 30 l. 25 m. get along well n. grandfather o. 83 p. well

TRANSCRIPT: Paraic is ainm dom. Is as iarthar na hÉireann dom. Tá mé seacht mbliana is fiche d'aois. Rugadh mé ar an seachtú lá déag de Mhárta. Tá gruaig dhonn, ghearr agus chatach orm. Tá súile gorma agam. I mo theaghlach, tá cúigear: m'athair, mo mháthair agus mo bheirt deirfiúracha. Tá mo dheirfiúr níos sine tríocha bliain d'aois. Tá mo dheirfiúr níos óige cúig bliana is fiche d'aois. Réitím go maith le mo thuismitheoirí. Tá cónaí ar mo sheanathair linn. Tá sé trí bliana is ochtó d'aois. Réitím go maith leis.

13. Listening slalom:

Elena: My name is Elena; I am 16 years old; I was born on the 31st of December; My mother is 48 years old; My father is 52 years old; My grandad is 76 years old; My grandmother is 68 years old

Colm: My name is Colm; I am 11 years old; I was born on the 25th October; My mother is 44 years old; My father is 43 years old; My grandad is 73 years old; My grandmother is 80 years old

Molly: My name is Molly; I am 30 years old; I was born on the 20th June; My mother is 50 years old; My father is 53 years old; My grandad is 90 years old; My grandmother is 72 years old

Jackie: My name is Jackie; I am 20 years old; I was born on the 7th January; My mother is 39 years old; My father is 49 years old; My grandad is 75 years old; My grandmother is 81 years old

Jane: My name is Jane; I am 17 years old; I was born on the 15th March; My mother is 62 years old; My father is 64 years old; My grandad is 81 years old; My grandmother is 79 years old

TRANSCRIPT:

Elena: Elena is ainm dom. Tá mé sé bliana déag d'aois. Rugadh mé ar an gcéad lá is tríocha de Nollaig. Tá mo mháthair ocht mbliana is daichead d'aois. Tá m'athair dhá bhliain is caoga d'aois. Tá mo sheanathair sé bliana is seachtó d'aois. Tá mo sheanmháthair ocht mbliana is seasca d'aois

Colm: Colm is ainm dom. Tá mé aon bhliain déag d'aois. Rugadh mé ar an gcúigiú lá is fiche de Dheireadh Fómhair. Tá mo mháthair ceithre bliana is daichead d'aois. Tá m'athair trí bliana is daichead d'aois. Tá mo sheanathair trí bliana is seachtó d'aois. Tá mo sheanmháthair ochtó bliain d'aois

Molly: Molly is ainm dom. Tá mé tríocha bliain d'aois. Rugadh mé ar an bhfichiú lá de Mheitheamh. Tá mo mháthair caoga bliain d'aois. Tá m'athair trí bliana is caoga d'aois. Tá mo sheanathair nócha bliain d'aois. Tá mo sheanmháthair dhá bhliain is seachtó d'aois

Jackie: Jackie is ainm dom. Tá mé fiche bliain d'aois. Rugadh mé ar an seachtú lá d'Eanáir. Tá mo mháthair naoi mbliana is tríocha d'aois. Tá m'athair naoi mbliana is daichead d'aois. Tá mo sheanathair cúig bliana is seachtó d'aois. Tá mo sheanmháthair aon bhliain is ochtó d'aois

Jane: Jane is ainm dom. Tá mé seacht mbliana déag d'aois. Rugadh mé ar an gcúigiú lá déag de Mhárta. Tá mo mháthair dhá bhliain is seasca d'aois. Tá m'athair ceithre bliana is seasca d'aois. Tá mo sheanathair aon bhliain is ochtó d'aois. Tá mo sheanmháthair naoi mbliana is seachtó d'aois

14. Narrow listening: a. 15; 20th June; 6; 16; 43; 41 b. 14; 15th April; 4; 15; 45; 44 c. 15; 15th Sept; 4; 18; 43; 46 d. 13; 6th April; 5; 17; 39; 40 e. 28; 20th June; 5; 31; 59; 55

TRANSCRIPT:

Eoghan: Eoghan is ainm dom. Tá mé cúig bliana déag d'aois. Rugadh mé ar an bhfichiú lá de Mheitheamh. Tá seisear i mo theaghlach. Tá mo dheirfiúr níos óige cúig bliana déag d'aois. Tá mo

dheartháir níos sine sé bliana déag d'aois. Tá mo mháthair trí bliana is daichead d'aois. Tá m'athair aon bhliain is daichead d'aois

Úna: Úna is ainm dom. Tá mé ceithre bliana déag d'aois. Rugadh mé ar an gcúigiú lá déag d'Aibreán. Tá ceathrar i mo theaghlach. Tá mo dheirfiúr níos óige seacht mbliana déag d'aois. Tá mo dheirfiúr níos sine cúig bliana déag d'aois. Tá m'athair ceithre bliana is daichead d'aois. Tá mo mháthair cúig bliana is daichead d'aois

Riain: Riain is ainm dom. Tá mé cúig bliana déag d'aois. Rugadh mé ar an gcúigiú lá déag de Mheán Fómhair. Tá ceathrar i mo theaghlach. Tá mo dheartháir níos óige seacht mbliana d'aois. Tá mo dheartháir níos sine ocht mbliana déag d'aois. Tá mo mháthair trí bliana is daichead d'aois. Tá m'athair sé bliana is daichead d'aois

Saoirse: Saoirse is ainm dom. Tá me trí bliana déag d'aois. Rugadh mé ar an séú lá d'Aibreán. Tá cúigear i mo theaghlach. Tá mo dheirfiúr níos sine seacht mbliana déag d'aois. Tá mo mháthair naoi mbliana is tríocha d'aois. Tá m'athair daichead bliain d'aois

Róisín: Róisín is ainm dom. Tá mé ocht mbliana is fiche d'aois. Rugadh mé ar an bhfichiú lá de Mheitheamh. Tá cúigear i mo theaghlach. Tá mo dheirfiúr níos sine aon bhliain is tríocha d'aois. Tá mo dheartháir níos óige tríocha bliain d'aois. Tá mo mháthair naoi mbliana is caoga d'aois. Tá m'athair cúig bliana is caoga d'aois

UNIT 5 – TALKING ABOUT MY FAMILY MEMBERS
- DECODING SKILLS

1. Complete with the missing letters: a. Tá cónaí orm ar imeall an bhaile b. Is as Gaillimh dom c. Tá cónaí air i dteach mór d. Tá cónaí ort in árasán e. Tá gruaig rua an-ghearr orm f. Tá m'athair ocht mbliana is caoga d'aois g. Máiréad is ainm do mo mháthair h. Rugadh mé ar an tríú lá d'Iúil i. Réitím go maith le mo theaghlach

2. Listen to the lists below. What differences do you notice:

TRANSCRIPT: a. An baile vs Imeall an bhaile b. Dubh vs Gruaig dhubh c. Céad vs Ar an gcéad d. Deirfiúr vs Mo dheirfiúr e. Caitheann vs Ní chaitheann f. Meitheamh vs De Mheitheamh

3. Write each word below exactly how you hear it:* a. du-ul b. or-ra-saw-in c. fay-so-og d. crumb-ale e. sue-la f. ann-teen g. maw-her h. spay-clee

TRANSCRIPT: a. d'Iúil b. Árasán c. Féasóg d. Croiméal e. Súile f. Aintín g. Máthair h. Spéaclaí

4. Faulty echo: a. Ar imeall an bhaile **(an baile)** b. Rugadh mé ar an gceathrú **(ceathrú)** lá d' Eanáir c. Tá cónaí orm in **(i)** árasán mór d. Tá mé trí bliana **(bliain)** is fiche d'aois e. Róisín is ainm do m'aintín **(mo aintín)** f. Tá cúigear **(cúigear daoine)** i mo theaghlach g. Réitím go maith le mo dheartháir **(deartháir)** níos sine h. Tá cónaí ar chara **(cara)** liom i lár an bhaile

5. Listen and rewrite the phrase: a. Ar an gcósta b. Ar an bhfichiú lá d'Aibreán c. M'athair d. Gruaig fhionn e. In árasán galánta f. I mo theaghlach g. Súile gorma

6. Dictation: Tá m'athair cúig bliana is daichead d'aois b. Rugadh mo chol ceathrar ar an dara lá de Shamhain c. Tá féasóg agus croiméal ar mo sheanathair d. Réitím go maith le mo dheirfiúr e. Tá cónaí orm i dteach beag f. Tá gruaig chatach ar m'uncail g. Tá súile glasa aici

UNIT 6 – DESCRIBING MYSELF AND ANOTHER FAMILY MEMBER

1. Multiple choice quiz: a. fun b. fat c. slim d. short e. chatty f. unfriendly g. inquisitive h. stubborn i. good j. mean

TRANSCRIPT: a. Is duine spraíúil é m'athair b. Is duine ramhar í mo mháthair c. Is duine tanaí í mo dheirfiúr níos sine d. Is duine íseal í mo dheirfiúr níos óige e. Is duine cainteach é mo dheartháir f. Is duine míchairdiúil é mo chol cheathrar Cormac g. Is duine fiosrach í mo chol ceathrar Marta h. Is duine ceanndána é mo sheanathair i. Is duine maith í mo sheanmháthair j. Is duine uafásach é mo chara

2. Split sentences: a. 6 b. 4 c. 10 d. 8 e. 7 f. 1 g. 5 h. 9 i. 2 j. 3

TRANSCRIPT: a. Is duine olc é Jamie b. Is duine ard í Sharon c. Is duine láidir é James d. Is duine flaithiúil é Peadar e. Is duine aclaí í Marina f. Is duine spraíúil é Colm g. Is duine dathúil í Enya h. Is duine ceanndána é Pól i. Is duine deas í Ríona j. Is duine íseal í Isobel

3. Spot the intruders: a. an b. tá c. sé d. níl e. fíor f. Harry g. mise

TRANSCRIPT: a. Is duine dathúil í Aoife b. Is duine deas é Cormac c. Is duine ionraic é Jeaic d. Ní duine olc é mo Dhaid e. Is duine cneasta í mo leathchúpla f. An duine gránna é mo dheartháir? g. Ní duine cainteach í mo Mham

4. Spot the differences and correct your text: a. Is duine **an-**deas thú b. **Is** duine tanaí í mo dheirfiúr c. An duine ionraic é mo dheartháir níos **óige**? d. **Ní** duine ramhar mé e. Is duine cairdiúil í mo **dheirfiúr** Aisling f. Is duine **dícheallach** í mo mháthair g. Ní duine **ard** é mo leathchúpla h. Ní duine aclaí é **mo Dhaid**

5. Categories: Positive: cneasta; deas; flaithiúil; spraíúil; maith; láidir; greannmhar; ionraic **Negative:** uafásach; ramhar; leadránach; gránna; olc; ceanndána

TRANSCRIPT: cneasta, ramhar, maith, uafásach, leadránach, deas, spraíúil, ionraic, gránna, flaithiúil, olc, greannmhar, ceanndána, láidir

6. Faulty translation: a. My name is John. I am **15** years old. I have **black** hair and I hve **blue** eyes. I am a fit, tall and **nice** person. I am a friendly, **honest** and quite generous person b. My mother's name is Patrice. She is **sixty** years old. She is a **tall**, slim and very funny person. She is generous but a chatty person c. My **brother's** name is Robert. He is **32** years old. He is not a tall person. He is a **short** person. He is a fun and **inquisitive** person d. My sister's name is Caoimhe. She is **19** years old. She is a tall and **strong** person. She is an unfriendly person but she is not a bad person

TRANSCRIPT: a. John is ainm dom. Tá mé cúig bliana déag d'aois. Tá gruaig dhubh orm agus tá súile gorma agam. Is duine aclaí, ard agus deas mé. Is duine cairdiúil, ionraic agus sách flaithiúil mé b. Patrice is ainm do mo mháthair. Tá sí seasca bliain d'aois. Is duine ard, tanaí agus an-ghreannmhar í. Is duine flaithiúil ach cainteach í c. Robert is ainm do mo dheartháir. Tá sé dhá bhliain is tríocha d'aois. Ní duine ard é. Is duine íseal é. Is duine spraíúil agus fiosrach é d. Caoimhe is ainm do mo dheirfiúr. Tá sí naoi mbliana déag d'aois. Is duine ard agus láidir í. Is duine míchairdiúil í ach ní duine olc í

7. Spot the missing words and write them in: a. é b. Is c. í d. m' e. duine f. tanaí g. leathchúpla

TRANSCRIPT: a. Is duine ionraic é m'athair d. Is duine láidir é mo dheartháir c. Is duine maith í mo dheirfiúr d. Ní duine fiosrach í m'aintín e. Is duine olc thú f. An duine tanaí í? g. Is duine dathúil í mo leathchúpla

8. Listen and complete with either é or í: a. é b. é c. é d. í e. é f. í g. é h. í i. í

TRANSCRPIT: Is duine deas é m'athair d. Is duine ard é mo sheanathair c. An duine ionraic é m'uncail? d. Ní duine deas í mo chara Eibhlín e. Is duine ard é mo dheartháir níos óige f. Ní duine tanaí í m'aintín g. An duine olc é Paraic? h. Ní duine gránna í mo sheanmháthair i. Is duine ceanndána í Lucy

9. Listen and fill the grid: a. chatty b. mean c. pretty d. stubborn e. small f. fit g. short h. slim i. kind

TRANSCRIPT: a. Is duine cainteach é m'athair b. Is duine uafásach í mo mháthair c. Is duine dathúil í mo dheirfiúr d. Is duine ceanndána é mo dheartháir e. Is duine beag é mo chol ceathrar Marc f. Is duine aclaí í mo leathchúpla g. Is duine íseal é mo sheanathair h. Is duine tanaí í mo sheanmháthair i. Is duine cneasta í mo chara Máire

10. Translate the sentence into English: a. My friend is a generous person b. My sister is a mean person c. You are a pretty person d. My grandmother is a chatty person e. I am a tall and fit person f. My sister is not a good person g. Are you a fun person? h. My Dad is a boring person i. My younger brother is an unfriendly person j. Are you a hard-working person?

TRANSCRIPT: a. Is duine flaithiúil é cara liom b. Is duine uafásach í mo dheirfiúr c. Is duine dathúil thú d. Is duine cainteach í mo sheanmháthair e. Is duine ard agus aclaí mé f. Ní duine maith í mo dheirfiúr g. An duine spraíúil thú? h. Is duine leadránach é mo Dhaid i. Is duine míchairdiúil é mo dheartháir níos óige j. An duine díograiseach thú?

11. Narrow listening: My name is Paraic. I get on well with my **family**. I have two brothers and one **sister**. My older brother is a very tall, **fun**, honest, **good** and chatty person. My younger brother is a kind **person**. He is a nice, **friendly**, genereous, **stong**, hard-working person. My sister is a **pretty** and very **inquisitive** person. My **grandmother** is 83 years old. Her name is Ellen. She is a tall, **slim**, pretty and very **stubborn** person.

TRANSCRIPT: Paraic is ainm dom. Réitím go maith le mo theaghlach. Tá beirt deartháireacha agus deirfiúr amháin agam. Is duine an-ard, spraíúil, ionraic, maith agus cainteach é mo dheartháir níos sine. Is duine cneasta é mo dheartháir níos óige. Is duine deas, cairdiúil, flaithiúil, láidir agus dícheallach é. Is duine dathúil agus an-fhiosrach í mo dheirfiúr. Tá mo sheanmháthair trí bliana is ochtó d'aois. Ellen is ainm di. Is duine ard, tanaí, dathúil agus an-cheanndána í.

12. Listening slalom: Sinéad: My name is Sinéad; I am 15 years old; I am a short and slim person; My older sister is a short and very pretty person; I get along well with her; because she is a fun and funny person **Nina:** My name is Nina; I am 17 years old; I am a tall and slim person; My brother is a tall

person; I get along well with him; because he is nice person; Also, he is a very generous and kind person **Mandy:** My name is Mandy; I am 13 years old; I am not a tall person; My older sister is a short and slim person; I get along well with her; because she is a generous and kind person **Caoimhín:** My name is Caoimhín; I am 18 years old; I am a tall and fat person; My younger brother is a short and slim person; I get along well with him; because he is a nice and chatty person; Also, he is a very funny person **Ana:** My name is Ana; I am 12 years old; I am not a small person; My older brother is a short and slim person; I don't get along well with him; because he is a mean and stubborn person

TRANSCRIPT: Sinéad: Sinéad is ainm dom. Tá mé cúig bliana déag d'aois. Is duine íseal agus tanaí mé. Is duine íseal agus an-dathúil í mo dheirfiúr níos sine. Réitím go maith léi mar gur duine spraíúil agus greannmhar í **Nina:** Nina is ainm dom. Tá mé seacht mbliana déag d'aois. Is duine ard agus tanaí mé. Is duine ard é mo dheartháir. Réitím go maith leis mar gur duine deas é. Is duine an-fhlaithiúil agus cneasta é freisin **Mandy:** Mandy is ainm dom. Tá mé trí bliana déag d'aois. Ní duine ard mé. Is duine íseal agus tanaí í mo dheirfiúr níos sine. Réitím go maith léi mar gur duine flaithiúil agus cneasta í **Caoimhín:** Caoimhín is ainm dom. Tá mé ocht mbliana déag d'aois. Is duine ard agus ramhar mé. Is duine íseal agus tanaí é mo dheartháir níos óige. Réitím go maith leis mar gur duine deas agus cainteach é. Is duine an-ghreannmhar é freisin **Ana:** Ana is ainm dom. Tá mé dhá bhliain déag d'aois. Ní duine beag mé. Is duine íseal agus tanaí é mo dheartháir níos sine. Ní réitím go maith leis mar gur duine uafásach agus ceanndána é

13. Narrow listening: a. Aisling; 12; 22nd May; friendly; black long hair b. Colin; 24; 30th Jan; funny; green eyes c. Eoin; 27; 9th Feb; strong but boring; short blonde hair d. Aoife; 35; 17th Oct; honest and inquisitive; red curly hair

TRANSCRIPT:

Fiona: Fiona is ainm dom. Tá deirfiúr níos sine agam darb ainm Aisling. Tá sí dhá bhliain déag d'aois agus rugadh í ar an dara lá is fiche de Bhealtaine. Is duine cairdiúil í agus tá gruaig dhubh fhada uirthi

Andrea: Andrea is ainm dom. Tá deartháir níos sine agam darb ainm Colin. Tá sé ceithre bliana is fiche d'aois agus rugadh é ar an tríochú lá d'Eanáir. Is duine greannmhar é agus tá súile glasa aige

Sinéad: Sinéad is ainm dom. Tá deartháir níos sine agam darb ainm Eoin. Tá sé seacht mbliana is fiche d'aois agus rugadh é ar an naoú lá d'Fheabhra. Is duine láidir ach leadránach é. Tá gruaig ghearr fhionn air

Abbie: Abbie is ainm dom. Tá deirfiúr níos sine agam darb ainm Aoife. Tá sí cúig bliana is tríocha d'aois. Rugadh í ar an seachtú lá déag de Dheireadh Fómhair. Is duine ionraic agus fiosrach í. Tá gruaig rua chatach uirthi

UNIT 7 – TALKING ABOUT PETS

1. Multiple choice quiz: a. two pets b. dog c. turtle d. duck e. mouse f. cat g. horse h. fish i. spider j. hamster

TRANSCRIPT: a. Sa bhaile, tá dhá pheata agam b. Tá madra agam c. Tá turtar ag mo dheartháir d. Tá lacha ag mo dheirfiúr níos sine e. Tá luch ag mo dheirfiúr níos óige f. Tá cat ag mo mháthair g. Tá capall ag m'athair h. Tá dhá iasc ag mo sheantuismitheoirí i. Tá damhán alla ag mo chara j. Tá hamstar ag m'uncail

2. Split sentences: a. 4 b. 3 c. 6 d. 10 e. 1 f. 5 g. 7 h. 2 i. 8 j. 9

TRANSCRIPT: a. Tá iasc ag Aindriú b. Tá pearóid ag Siobhán c. Tá capall ag Caoimhe d. Tá luch ag James e. Tá madra ag Filip f. Tá cat ag Padraic g. Tá dhá mhadra ag Julia h. Tá coinín ag Vikki i. Tá dhá thurtar ag Ciarán j. Tá dhá luch ag Sorcha

3. Spot the intruders: a. bán b. trí c. bhán d. Pól e. ghorm f. an- g. sách

TRANSCRIPT: a. Tá capall ag mo chara b. Sa bhaile, níl luch aige c. Ba mhaith piongain a bheith agam d. Níl alpaca ór ag mo dheartháir e. Níor mhaith nathair a bheith aici f. Tá coinín torannach aige g. Tá cat gleoite ag mo chol ceathrar

4. Spot the differences and correct your text: a. Sa bhaile, tá **muc ghuine** agam b. Níl madra **greannmhar** aici c. Tá madra **gleoite** darb ainm Ted ag Paraic d. Níl **turtar** rua ag mo Dhaid e. Ba mhaith lacha **mór** a bheith agam f. Níor mhaith nathair **ghorm** a bheith aige g. Sa bhaile, **tá** éan gleoite ag **cara liom** h. Tá cat buí **aige** sa bhaile

5. Categories: Ainmhithe: cat, madra, éan, lacha, damhán alla, hamstar, piongain, luch, nathair, muc ghuine, capall, alpaca **Aidiachtaí:** greannmhar, gorm, beag, rua, gleoite, mór, torannach, gránna, spraíúil, ór, gorm, glas

TRANSCRIPT: Tá cat beag agam. Tá hamstar torannach aici. Tá lacha ghorm agam sa bhaile. Tá damhán alla gránna ag mo dheartháir. Tá piongain ghreannmhar ag Dylan. Tá luch gleoite ag mo chara. Tá nathair mhór ag Liam. Tá madra rua ag Síle. Tá capall ór darb ainm Charlie ag Éile. Tá alpaca spraíúil sa bhaile. Tá muc ghuine glas ag Róisín. Ba mhaith éan gorm a bheith aici.

6. Spot the missing words and write them in: Orlagh **is** ainm dom. Is maith liom peataí. **Sa** bhaile, tá dhá mhadra agam. Tá madra **mór** dubh agam darb ainm Rossy agus tá madra beag **bán** agam darb ainm Coco. Tá Rossy ceithre **bliana** d'aois agus tá Coco seacht **mbliana** d'aois. Réitíonn siad go maith le chéile. Tá **cat** amháin agam freisin. Lucky is ainm **di**. Is cat torannach agus **ceanndána** í Lucky. Tá Lucky **aon** bhliain **d'aois**.

7. Fill in the blanks: Sa bhaile, tá trí **iasc** agam darb ainm Jay, Jeb agus Jake. Chomh maith **leis** sin, tá muc ghuine **ór** agam darb **ainm** Rod. Tá Rod dhá **bhliain** d'aois. Ba mhaith luch gleoite, **beag** agus bán a bheith agam ach tá **cat** mór ag mo **dheartháir** níos **sine**. Is cat **spraíúil** agus **mór** é Whiskey.

8. Faulty translation: My name is Roisteárd. I am **fourteen** years old and live in Cork. There are **four** people in my family: my parents, my **younger** brother, Briain and myself. Briain is twelve years old and he is a very **tall** person. I have three pets: a parrot who is called Leo, a **dog** who is called Pebbles and a rat who is called Angie. Leo is a talkative **parrot**. Pebbles is a **small** dog and Angie is an **ugly** rat.

TRANSCRIPT: Roisteárd is ainm dom. Tá mé ceithre bliana déag d'aois agus tá cónaí orm i gCorcaigh. Tá ceathrar i mo theaghlach: mo thuismitheoirí, mo dheartháir níos óige, Briain agus mé fhéin. Tá Briain dhá bhliain déag d'aois agus is duine an-ard é. Tá trí pheata agam. Tá pearóid darb ainm Leo, madra darb ainm Pebbles agus francach darb ainm Angie agam. Is pearóid chainteach í Leo. Is madra beag é Pebbles agus is francach gránna é Angie.

9. Listen and fill in the grid: a. big hamster b. ugly spider c. white duck d. loud turtle e. green fish f. cute penguin g. small horse h. orange parrot

TRANSCRIPT: a. Tá hamstar mór ag m'athair b. Tá damhán alla gránna ag mo mháthair c. Tá lacha bhán ag mo dheirfiúr d. Tá turtar torannach ag mo dheartháir e. Tá iasc glas ag mo chol ceathrar Cathal f. Tá piongain ghleoite ag mo chol ceathrar Amy g. Tá capall beag ag mo sheanathair h. Tá pearóid oráiste ag mo sheanmháthair

10. Translate the sentences into English: a. I would like a big parrot b. At home, I do not have a funny dog c. I have a gold fish d. He has a white bird e. I would not like a big snake f. At home, he has a fun hamster g. I have a cute rabbit h. She does not have a yellow horse i. My brother would like a loud guinea pig

TRANSCRIPT: a. Ba mhaith pearóid mhór a bheith agam b. Sa bhaile, níl madra greannmhar agam c. Tá iasc ór agam d. Tá éan bán aige e. Níor mhaith nathair mhór a bheith agam f. Sa bhaile, tá hamstar spraíúil aige g. Tá coinín gleoite agam h. Níl capall buí aici i. Ba mhaith muc ghuine torannach a bheith ag mo dheartháir

11. Sentence puzzle: a. Sa bhaile, tá madra bán ag mo dheirfiúr b. Ba mhaith cat gleoite a bheith ag mo chara c. Níor mhaith lacha ghorm a bheith ag m'uncail d. Níl francach ná éan ag mo dheartháir níos sine e. Ba mhaith damhán alla gránna a bheith agam f. Tá capall darb ainm Ted aici

12. Narrow listening: gapped translation: a. Róisín b. fifteen c. live d. Wexford e. five f. father g. younger h. sister i. pets j. big k. chatty l. good m. meat n. turtle o. nice p. horse q. big r. strong s. handsome t. pets

TRANSCRIPT: Róisín is ainm dom. Tá mé cúig bliana déag d'aois agus tá cónaí orm i Loch Garman. Tá cúigear i mo theaghlach: m'athair, mo mháthair, mo dheartháir níos óige, mo dheirfiúr agus mé fhéin. Tá cúpla peata againn. Ar an gcéad dul síos, tá madra mór againn darb ainm Maximus. Is madra cainteach agus cairdiúil é. Is madra an-mhaith é agus itheann sé feoil. Tá turtar againn freisin darb ainm Leo. Is turtar beag, glas agus deas é. Faoi dheireadh, tá capall againn darb ainm Charlie. Is capall mór agus greannmhar é. Is capall rua, láidir agus dathúil é. Is aoibhinn liom mo pheataí.

13. Listening slalom: a. My grandparents have; five pets; They have a blue fish,; a yellow bird; a cute guinea pig and; two pretty cats b. I have; four pets at home; I have two black dogs; a yellow bird; which

is chatty and funny; and a very cute rabbit c. We have three pets; at home; I have a small green turtle; a cute fat dog; and a gold fish d. My friend has; one pet at home; He has a big cat; Jess is a black; very ugly; and unfriendly cat e. My friend has; six pets at home; She has three white guinea pigs; a big brown dog; a very fat duck; and a fun white mouse

TRANSCRIPT: a. Tá cúig pheata ag mo sheantuismitheoirí. Tá iasc gorm, éan buí, muc ghuine an-ghleoite agus dhá chat dhathúla acu b. Tá ceithre pheata agam sa bhaile. Tá dhá mhadra dhubha, éan buí atá cainteach agus greannmhar agus coinín an-ghleoite agam c. Tá trí pheata agam sa bhaile. Tá turtar beag glas, madra gleoite ramhar agus iasc ór agam d. Tá peata amháin ag mo chara sa bhaile. Tá cat mór aige. Is cat dubh, an-ghránna agus míchairdiúil é Jess e. Tá sé pheata ag mo chara sa bhaile. Tá trí mhuc ghuine bhána, madra mór donn, lacha an-ramhar agus luch bán spraíúil aici

14. Narrow listening: a. 12; blonde long hair; friendly and tall; dog; big, black and cute b. 16; red curly hair; fit and short; cat; white, red and fun c. 18; green eyes; generous and tall; horse; handsome, gold and loud d. 23; blue eyes; inquisitive and stubborn; hamster; small, ugly and yellow

TRANSCRIPT:

Clodagh: Clodagh is ainm dom. Tá mé dhá bhliain déag d'aois. Tá gruaig fhionn fhada orm. Is duine cairdiúil agus ard mé. Tá madra agam. Is madra mór, dubh agus gleoite é

Máire: Máire is ainm dom. Tá mé sé bliana déag d'aois. Tá gruaig rua chatach orm. Is duine aclaí agus íseal mé. Tá cat amháin agam darb ainm Rolo. Is cat bán, rua agus spraíúil é Rolo

Peadar: Peadar is ainm dom. Tá mé ocht mbliana déag d'aois. Tá súile glasa agam. Is duine flaithiúil agus ard mé. Tá capall agam darb ainm Grove Star. Is capall dathúil, ór agus torannach é

Eoghan: Eoghan is ainm dom. Tá mé trí bliana is fiche d'aois. Tá súile gorma agam. Is duine fiosrach agus ceanndána mé. Tá hamstar agam darb ainm Nuts. Is hamstar beag, gránna agus buí é Nuts

UNIT 8 – TALKING ABOUT JOBS

1. Multiple choice quiz: a. A nurse b. A farmer c. A hairdresser d. A house-husband e. A server f. A guard g. A house-wife h. A teacher i. A manager j. A doctor

TRANSCRIPT: a. Eva is ainm dom agus is altra mé b. Róisín is ainm dom agus is feirmeoir mé c. Pól is ainm dom agus is gruagaire mé d. Paraic is ainm dom agus is fear an tí mé e. Aoife is ainm dom agus is freastalaí mé f. Ana is ainm dom agus is garda mé g. Máire is ainm dom agus is bean an tí mé h. Sam is ainm dom agus is múinteoir mé i. Tomás is ainm dom agus is bainisteoir mé j. Lucy is ainm dom agus is dochtúir mé

2. Listening for detail: a. Éasca b. Sásúil c. Strusmhar d. Suimiúil e. Deacair f. Leadránach g. Dúshlánach h. Taitneamhach i. Gnóthach

3. Split sentences: 1. Ina: j. A house-wife **2. Siún:** d. A server **3. Oisín:** h. A builder **4. Fiona:** a. A nurse **5. Ciara:** g. A teacher **6. Elisha:** i. A factory worker **7. Caitlín:** e. A guard **8. Stella:** b. A business person **9. Adam:** f. A hairdresser **10. Janet:** c. A doctor

TRASNCRIPT: 1. Ina is ainm dom agus is bean an tí mé 2. Siún is ainm dom agus is freastalaí mé 3. Oisín is ainm dom agus is tógálaí mé 4. Fiona is ainm dom agus is altra mé 5. Ciara is ainm dom agus is múinteoir mé 6. Elisha is ainm dom agus is oibrí monarchan mé 7. Caitlín is ainm dom agus is garda mé 8. Stella is ainm dom agus is duine gnó mé 9. Adam is ainm dom agus is gruagaire mé 10. Janet is ainm dom agus is dochtúir mé

4. Spot the intruders: Patrice is ainm dom agus tá cúigear i mo theaghlach. Tá m'athair cúig bliana is daichead d'aois agus oibríonn sé mar thógálaí ~~sa chathair~~. Is garda í mo mháthair agus is breá léi a post mar go bhfuil sé suimiúil ~~agus éasca~~. Tá ~~beirt~~ deartháireacha agam agus is oibrí monarchan é Colin ach oibríonn ~~mo dheartháir eile~~ Seosamh mar dhuine gnó. Is fuath le Colin a phost mar go bhfuil sé gnóthach ~~an t-am ar fad~~ ach is aoibhinn le Seosamh a phost. Oibríonn sé ~~in oifig~~ ar imeall an bhaile. Is múinteoir mé agus is breá liom mo phost mar go bhfuil sé ~~taitneamhach agus~~ sásúil.

TRANSCRIPT: Patrice is ainm dom agus tá cúigear i mo theaghlach. Tá m'athair cúig bliana is daichead d'aois agus oibríonn sé mar thógálaí. Is garda í mo mháthair agus is breá léi a post mar go bhfuil sé suimiúil. Tá deartháireacha agam agus is oibrí monarchan é Colin ach oibríonn Seosamh mar dhuine gnó. Is fuath le Colin a phost mar go bhfuil sé gnóthach ach is aoibhinn le Seosamh a phost. Oibríonn sé ar imeall an bhaile. Is múinteoir mé agus is breá liom mo phost mar go bhfuil sé sásúil.

5. Listen, spot and correct the errors: Aindriú is ainm dom agus tá **seisear** i mo theaghlach. Is breá liom mo **dheirfiúr**. Is duine fíorchneasta agus greannmhar í. Is **duine gnó** í agus oibríonn sí sa chathair. Is fuath le m'athair a phost mar go bhfuil sé **strusmhar** gach lá. Oibríonn mo mháthair mar **bhainisteoir** i mbialann agus is aoibhinn léi a post. Tá dhá **mhadra agam** sa bhaile. Joey agus **Spot** is ainm dóibh.

6. Categories: Postanna: Feirmeoir; Garda; Bean an tí; Altra; Oibrí monarchan; Duine gnó
Aidiachtaí: Leadránach; Sásúil; Suimiúil; Gnóthach; Taitneamhach

TRANSCRIPT: Haigh a chairde, Daithí is ainm dom agus is feirmeoir mé ach is garda í mo dheirfiúr. Is fuath liom mo phost mar go bhfuil sé leadránach. Is bean an tí í mo mháthair agus is aoibhinn léi a post mar go bhfuil sé sásúil. Is altra í mo dheirfiúr agus is breá léi a post mar go bhfuil sé suimiúil agus gnóthach. Oibríonn mo dheartháir mar oibrí monarchan sa chathair. Is duine gnó in oifig é agus ní maith leis a phost mar nach bhfuil sé taitneamhach.

7. Spot the missing words and write them in: GiollaÍosa is ainm dom agus tá ceathrar i **mo** theaghlach. Liam is ainm do m'athair agus **is** dochtúir **é**. Oibríonn **sé** sa chathair agus is breá **leis** a phost **mar** go bhfuil sé **an**-sásúil. Uaireanta, is fuath leis **a** phost mar go **bhfuil** sé strusmhar **agus gnóthach**. Annie is ainm **do mo** mháthair. Is bainisteoir **í** agus **oibríonn** sí in oifig **in** óstán. **Ní** maith **léi** a post mar go mbíonn **sé** sách **éasca** uaireanta agus leadránach **uaireanta** eile.

8. Faulty translation: My name is **Riain**. I am twenty **one** years old and I live in **Galway**. There are **four** people in my family. I have a very **small** dog called Pappy. My father works as a **builder** in the town centre. He **does not like** his job because it is **stressful**. My mother is a **nurse**. She likes her job because it is **rewarding** and easy. She works in **the city**.

TRANSCRIPT: Riain is ainm dom. Tá mé aon bhliain is fiche d'aois agus tá cónaí orm i nGaillimh. Tá ceathrar i mo theaghlach. Tá madra fíorbheag agam darb ainm Pappy. Oibríonn m'athair mar thógálaí i lár an bhaile. Ní maith leis a phost mar go bhfuil sé strusmhar. Is altra í mo mháthair. Is maith léi a post mar go bhfuil sé sásúil agus éasca. Oibríonn sí sa chathair.

9. Listen and fill in the grid: My father: A hairdresser; **My mother:** A builder; **My older brother:** A farmer; **My younger brother:** A teacher; **My sister:** A manager; **My best friend:** A house-wife; **My cousin:** A server; **My grandad:** A guard

TRANSCRIPT: Órla is ainm dom. Is gruagaire é m'athair agus oibríonn mo mháthair mar thógálaí. Is feirmeoir é mo dheartháir níos sine ach is múinteoir é mo dheartháir níos óige. Oibríonn mo dheirfiúr mar bhainisteoir agus is bean an tí í mo dhlúthchara. Is freastalaí í mo chol ceathrar. Oibríonn mo sheanathair mar gharda sa chathair.

10. Translate the sentences into English: a. There are 3 people in my family b. My mother is a friendly person c. My father is a server d. He hates his job because it is stressful e. My mother works as a house-wife at home f. She really likes her job because it is rewarding g. My friend is a factory worker h. He works in the city and he hates his job i. He doesn't like his job because it is boring j. My other friend really likes his job because it is interesting

TRANSCRIPT: a. Tá triúr i mo theaghlach b. Is duine cairdiúil í mo mháthair c. Is freastalaí é m'athair d. Is fuath leis a phost mar go bhfuil sé strusmhar e. Oibríonn mo mháthair mar bhean an tí sa bhaile f. Is breá léi a post mar go bhfuil sé sásúil g. Is oibrí monarchan é cara liom h. Oibríonn sé sa chathair agus is fuath leis a phost i. Ní maith leis a phost mar go bhfuil sé leadránach j. Is breá le cara eile liom a phost mar go bhfuil sé suimiúil

11. Listen, spot and correct the errors: a. Is dochtúir **é** mo dheartháir b. Oibríonn mo mháthair mar mhúinteoir c. **Is** garda é cara **liom** d. **Ní** oibríonn mo dheirfiúr **mar** bhean an tí e. Ní gruagaire í mo chol **ceathrar** f. Oibríonn mo d**h**lúthchara mar fheirmeoir g. Ní **duine** gnó **í** cara **eile** liom h. Ní oibríonn **m'athair** mar altra

12. Narrow listening - Gapped translation: My **name** is Teresa. There are **six people** in my family. My **father**'s name is Ciarán. He is a **sporty** and **hard-working** person. He works as a **manager**. He loves his job because it is **challenging**. My mother is a **hairdresser**. She does not **like** her job because it is **stressful**. She would like to be a **teacher** because it is very **rewarding** and she is a very **kind** person. My two **brothers** do not **work** because they are too **young**. I am a **nurse** and I **work** in the **city**. I **love** my **job** because it is **easy** and **interesting**.

TRANSCRIPT: Teresa is ainm dom. Tá seisear i mo theaghlach. Ciarán is ainm do m'athair. Is duine spórtúil agus díograiseach é. Oibríonn sé mar bhainisteoir. Is aoibhinn leis a phost mar go bhfuil sé dúshlánach. Is gruagaire í mo mháthair. Ní maith léi a post mar go bhfuil sé strusmhar. Ba mhaith léi a bheith ina múinteoir mar go bhfuil sé sásúil agus is duine fíorchneasta í. Ní oibríonn mo bheirt deartháireacha mar go bhfuil siad ró-óg. Is altra mé agus oibrím sa chathair. Is breá liom mo phost mar go bhfuil sé éasca agus suimiúil.

13. Listening Comprehension: Valerie: A guard; Enjoyable; A builder; Hard; A business person; Rewarding **Filip:** A factory worker; Boring; A farmer; Interesting; A doctor; Easy

TRANSCRIPT: Valerie: Valerie is ainm dom. Is garda é m'athair agus is breá leis a phost mar go bhfuil sé taitneamhach. Oibríonn mo mháthair mar thógálaí ach is fuath léi a post mar go bhfuil sé crua. Amach anseo, ba mhaith liom a bheith i mo dhuine gnó mar go mbeadh sé sásúil. **Filip:** Filip is ainm dom. Is oibrí monarchan é m'athair agus is fuath leis a phost mar go bhfuil sé leadránach. Oibríonn mo mháthair mar fheirmeoir agus is breá léi a post mar go bhfuil sé suimiúil. Amach anseo, ba mhaith liom a bheith i mo dhochtúir mar go mbeadh sé éasca.

14. Fill in the grid: Nora: 10; Fit and generous; A nurse; A teacher; Farmer **Tim:** 12; Small and honest; A hairdresser; A house-wife; A guard **Laura:** 15; Tall and funny; A house-husband; A server; A factory worker **Seán:** 17; Strong and inquisitive; A manager; A nurse; A builder

TRANSCRIPT: Nora: Nora is ainm dom agus tá mé deich mbliana d'aois. Is duine aclaí agus flaithiúil mé. Is altra é m'athair agus is múinteoir í mo mháthair. Ba mhaith liom a bheith i m'fheirmeoir amach anseo **Tim:** Tim is ainm dom agus tá mé dhá bhliain déag d'aois. Is duine beag agus ionraic mé. Is gruagaire é m'athair agus is bean an tí í mo mháthair. Ba mhaith liom a bheith i mo gharda amach anseo **Laura:** Laura is ainm dom agus tá mé cúig bliana déag d'aois. Is duine ard agus greannmhar mé. Is fear an tí é m'athair agus is freastalaí í mo mháthair. Ba mhaith liom a bheith i m'oibrí monarchan amach anseo **Seán:** Seán is ainm dom agus tá mé seacht mbliana déag d'aois. Is duine láidir agus fiosrach mé. Is bainisteoir é m'athair agus is altra í mo mháthair. Ba mhaith liom a bheith i mo thógálaí amach anseo

UNIT 9 – COMPARING PEOPLE'S APPEARANCE AND PERSONALITY

1. Multiple choice quiz: a. Tall b. Young c. Hard-working d. Handsome e. Lazy f. Short g. Strong h. Friendly i. Sporty j. Noisy

TRANSCRIPT: a. Alex is ainm dom agus is duine ard mé b. Vikki is ainm dom agus is duine óg mé c. Paul is ainm dom agus is duine dícheallach mé d. Úna is ainm dom agus is duine dathúil mé e. Adina is ainm dom agus is duine leisciúil mé f. Liam is ainm dom agus is duine íseal mé g. Marta is ainm dom agus is duine láidir mé h. Rachel is ainm dom agus is duine cairdiúil mé i. Dónal is ainm dom agus is duine spórtúil mé j. Órla is ainm dom agus is duine torannach mé

2. Listening for detail: More chatty; Small; Slim; More pretty; Intelligent; More tall; Relaxed; Strong

TRANSCRIPT: Níos caintí; Beag; Tanaí; Níos dathúla; Cliste; Níos airde; Réchúiseach; Láidir

3. Complete with 'níos ... ná': a. Tá mé níos **laige** ná é b. Tá mé níos **óige** ná mo dheartháir c. Tá sé níos **greannmhaire** ná í d. Tá m'aintín níos **dáiríre** ná m'uncail e. Tá Liam níos **tanaí** ná mo chara f. Tá sí níos **leadránaí** ná mé g. Tá mo sheanmháthair níos **cineálta** ná mo sheanathair

4. Listen and fill in the middle column with the missing information in English: a. is more funny than b. is more noisy than c. is more pretty than d. is more old than e. is more weak than f. is more serious than g. is more kind than

TRANSCRIPT: a. Tá Síle níos greannmhaire ná Alain b. Tá Joe níos torannaí ná Pat c. Tá Órla níos dathúla ná Aoife d. Tá Ciara níos sine ná Ailbhe e. Tá Aidan níos laige ná Conor f. Tá Julie níos dáiríre ná Declan g. Tá Pádraig níos cineálta ná Sarah

5. Spot the differences and correct your text: a. Tá mé níos **mó** ná thú b. Tá mo dheartháir níos **lú** ná mo **dheirfiúr** c. Tá m'fhear céile níos **cairdiúla** ná m'uncail d. Níl mo **sheantuismitheoirí** níos óige ná mo **thuismitheoirí** e. **Tá** mo mhadra níos **láidre** ná mo chat f. Tá **mo chara** Annie níos dúire ná mo chara Pól g. Tá mo **dheirfiúr** níos **spórtúla** ná **m'aintín**

6. Spot the missing words and write them in: Gráinne is ainm **dom** agus tá **cúigear** i mo theaghlach. Is **daoine** spórtúla, cneasta, **cainteacha** agus cliste muid **ar fad**. Is dochtúir é m'athair agus **oibríonn** sé sa chathair gach **lá**. Is duine **ard** é agus tá sé **níos airde** ná m'uncail. Oibríonn mo mháthair **mar** fhreastalaí i mbialann. Tá sí níos díograisí **ná** gach duine eile **sa** bhialann sin. Is **duine** dathúil **í** freisin. Is **feirmeoir** é mo dheartháir **níos sine**. **Is** duine láidir agus **aclaí** é ach **níl** sé níos láidre ná cara liom. Is duine **fíorspórtúil** é agus tá sé níos tanaí **agus níos** airde **ná** cairde eile **liom**.

7. Faulty translation: spot the translation errors and correct them: My name is Susan. There are **seven** people in my family. We are **tall**, slim, **strong** and funny people but I am more **strong** than my parents. We are **kind** people but my **mother** is more friendly and more **chatty** than my father. I am more **sporty** than my **younger** sister but she is **not** more serious than **me**. My **younger** brother is **not** taller than my **older brother** but he is more **intelligent** than **him.**

TRANSCRIPT: Susan is ainm dom. Tá seachtar i mo theaghlach. Is daoine arda, tanaí, láidre agus greannmhara muid ach tá mé níos láidre ná mo thuismitheoirí. Is daoine cineálta muid ach tá mo mháthair níos cairdiúla agus níos caintí ná m'athair. Tá mé níos spórtúla ná mo dheirfiúr níos óige ach níl sí níos dáiríre ná mé. Níl mo dheartháir níos óige níos airde ná mo dheartháir níos sine ach tá sé níos cliste ná é.

8. Listen and complete the translation: a. more tall than me b. more pretty than my aunt c. more strong than my younger brother d. more slim than me e. more short than her f. more relaxed than my aunt g. more old than my grandfather h. more noisy than my other friend i. more funny than my cousin j. more big than my cat

TRANSCRIPT: a. Tá m'athair níos airde ná mé b. Tá mo mháthair níos dathúla ná m'aintín c. Tá mo dheartháir níos sine níos láidre ná mo dheartháir níos óige d. Tá mo dheartháir níos óige níos tanaí ná mé e. Tá mo dheirfiúr níos ísle ná í f. Tá m'uncail níos réchúisí ná m'aintín g. Tá mo sheanmháthair níos sine ná mo sheanathair h. Tá mo dhlúthchara níos torannaí ná cara eile liom i. Tá mo bhean chéile níos greannmhaire ná mo chol ceathrar j. Tá mo mhadra níos mó ná mo chat

9. Listen, spot and correct the errors: a. Tá mo mháthair níos **lú** ná mé b. Níl **m'**athair níos réchúisí ná **thú** c. Tá mo **dheartháir** níos **láidre** ná mo dheartháir eile d. Tá mo sheanmháthair níos **caintí** ná mo sheanathair e. Níl mo dheirfiúr **níos** ceanúla ná mo chol ceathrar f. Tá Úna níos spórtúla **ná** Paraic g. Tá Seán níos **greannmhaire** ná Liam h. Tá muid níos gránna ná **iad** i. **Tá** Harry níos dícheallaí ná **sibh** j. Tá sí **níos dáthúla** ná **é**

10. Narrow listening: My name is Abbie. I am **fifteen** years old. I am from Mayo but I live in **Cork**. There are **five people** in my family: my parents, my **two** brothers, Carl, Lucás and me. Carl is more **tall**, more handsome and more **lazy** than Lucás but Lucás is more friendly, **more** intelligent and more **chatty** than Carl. My **parents**' names are Fred and Pauline. They are very **kind** people but my father is **more serious** than my mother. Moreover, my mother is more relaxed and more **hard-working** than my father. I am more **affectionate** than my father!

TRANSCRIPT: Abbie is ainm dom. Tá mé cúig bliana déag d'aois. Is as Maigh Eo dom ach tá cónaí orm i gCorcaigh. Tá cúigear i mo theaghlach: mo thuismitheoirí, mo bheirt deartháireacha, Carl, Lucás agus mé fhéin. Tá Carl níos airde, níos dathúla agus níos leisciúla ná Lucás ach tá Lucás níos cairdiúla, níos cliste agus níos caintí ná Carl. Fred agus Pauline is ainm do mo thuismitheoirí. Is daoine anchneasta iad ach tá m'athair níos dáiríre ná mo mháthair. Anuas air sin, tá mo mháthair níos réchúisí agus níos díograisí ná m'athair. Tá mé níos ceanúla ná m'athair.

11. Listen and write down what order you hear each chunk of text: 1. My name is Pól 2. I am twenty years old 3. I live with my parents and two sisters, Gabbi and Ciara 4. My father is more funny than my mother 5. …but my father is more kind than my mother 6. Gabbi is more pretty than Ciara 7. … but Ciara is more friendly than Gabbi 8. I am more sporty than my mother 9. My daog is more laxy than my cat

TRANSCRIPT: Pól is ainm dom. Tá mé fiche bliain d'aois. Tá cónaí orm le mo thuismitheoirí agus le mo bheirt deirfiúracha. Gabbi agus Ciara. Tá m'athair níos greannmhaire ná mo mháthair. … ach tá

m'athair níos cneasta ná mo mháthair. Tá Gabbi níos dathúla ná Ciara. … ach tá Ciara níos cairdiúla ná Gabbi. Tá mé níos spórtúla ná mo mháthair. Tá mo mhadra níos leisciúla ná mo chat.

12. Answer the questions below about Erica: a. 17 years old b. Kilkenny c. Six people d. Strong; Intelligent e. Slim; Handsome f. She is more relaxed than her father g. chatty h. The parrot

TRANSCRIPT: Erica is ainm dom. Tá mé seacht mbliana déag d'aois agus tá cónaí orm i gCill Chainnigh. Tá seisear i mo theaghlach. Tá beirt deartháireacha agam darb ainm Peadar agus Jim. Tá Peadar níos láidre agus níos cliste ná Jim. Tá Jim níos tanaí agus níos dathúla ná Peadar. Is fearr liom m'athair mar go bhfuil sé níos réchúisí ná mo mháthair. Tá mé níos caintí ná m'athair. Tá dhá pheata agam. Tá mo phearóid níos leisciúla ná mo chapall.

13. Listening slalom:

Siún: My mother is more; chatty than my father; more tall than; my younger sister; and more; weak; than my brother

Sam: My mother is more; hard-working than my father; more sporty than; me; and more; unfriendly; than my older sister

Caitlín: My mother is more; affectionate than my father; more lazy than; my older sister; and more; intelligent than; my brothers

Adam: My grandmother is; more noisy than my mother; more old than; my grandfather; and more; boring; than my aunt

TRANSCRIPT:

Siún: Tá mo mháthair níos caintí ná m'athair, níos airde ná mo dheirfiúr níos óige agus níos laige ná mo dheartháir

Sam: Tá mo mháthair níos díograisí ná m'athair, níos spórtúla ná mé agus níos neamhchairdiúla ná mo dheirfiúr níos sine

Caitlín: Tá mo mháthair níos ceanúla ná m'athair, níos leisciúla ná mo dheirfiúr níos sine agus níos cliste ná mo dheartháireacha

Adam: Tá mo sheanmháthair níos torannaí ná mo mháthair, níos sine ná mo sheanathair agus níos leadránaí ná m'aintín

UNIT 10 – SAYING WHAT IS IN MY SCHOOLBAG/CLASSROOM

1. Multiple choice quiz: Riain: A red pen **Aindriú**: A computer **Róisín**: Some blue pens **Gearóidín**: A black page **Seosamh**: A purple pencil **Daithí**: A black book **Máire**: An orange ruler **Cathy**: A green journal

TRANSCRIPT: Riain: Riain is ainm dom agus tá peann dearg agam **Aindriú:** Aindriú is ainm dom agus tá ríomhaire agam **Róisín:** Róisín is ainm dom agus tá cúpla peann gorm agam **Gearóidín:** Gearóidín is ainm dom agus tá bileog dhubh agam **Seosamh:** Seosamh is ainm dom agus tá peann luaidhe corcra agam **Daithí:** Daithí is ainm dom agus tá leabhar dubh agam **Máire:** Máire is ainm dom agus tá rialóir oráiste agam **Cathy:** Cathy is ainm dom agus tá dialann ghlas agam

2. Fill in the blanks: a. I mo mhála, tá **bileog bhán** agam b. I mo chás, tá **cúpla peann** agam c. Teastaíonn peann dearg **uaim** d. Teastaíonn **rialóir glas** ó Mháire e. Tá **gliú dearg** ag Liam f. I mo mhála, níl **leabhar** agam g. I mo **chás**, tá **cúpla scriosán** agam h. Ní theastaíonn **dialann** ó Ghráinne i. **Níl** leabhar **glas** ag Órla

3. Listening for detail: Aghna: Some pages **Fiona:** A green pencil case; a black pencil **Dónal:** A red ruler; a black pen

TRANSCRIPT: Aghna: Aghna is ainm dom. I mo mhála, tá rialóir, peann luaidhe, cás dearg, scriosán glas agus cúpla peann dubh agam. **Fiona:** Fiona is ainm dom. I mo mhála, tá leabhar, cúpla gliú, scriosán bán agus cúpla peann gorm agam. **Dónal:** Dónal is ainm dom. I mo mhála, tá áireamhán, cúpla leabhar bán, gliú agus cúpla peann luaidhe agam.

4. Spot the differences and correct your text: a. I mo mhála, tá cóipleabhar **gorm**, **leabhar** glas agus dialann **bhán** ann b. I mo chás, tá **scriosán** dubh, cúpla **peann** dearg agus níl **rialóir** ann c. Teastaíonn cúpla **bileog**, leabhar **gorm** agus cás **buí** uaim d. Níl **leabhar** ag Franc ach teastaíonn cóipleabhar **corcra** agus bileog **ghlas** ó Fhranc

5. Spot the missing words and write them in: Laoiseach is ainm dom. Tá mé cúig **bliana** déag d'aois agus tá **cónaí** orm **i** lár na tíre. Tá seisear i **mo** theaghlach. Patrick is ainm do **m'athair** agus Síle is ainm do mo **mháthair**. I mo sheomra **ranga**, tá cúpla **bord** agus cathaoir ann. Tá **leabhar** agus cóipleabhar glas **ag** gach dalta. Teastaíonn **rialóir** agus áireamhán **ó** na daltaí gach **lá** sa rang. Tá **cúpla** peann dearg ag an múinteoir. I mo **chás**, tá peann **luaidhe** corcra agus gliú **glas** agam.

6. Faulty translation: spot and correct the errors: My name is Béibhín. I am **15** years old and live in in the **east** of Ireland. There are **five** people in my family: my father, my mother, my brother my sister and I. We have a very **small dog** too. In my classroom, there are many chairs there. There is a whiteboard, a **computer** and tables there also. My classroom is very **big**. In my **schoolbag**, I have a **black** pen, a yellow ruler, a **calculator** and a white **page**. My friend Marc has some red pens and some purple **books**.

TRANSCRIPT: Béibhín is ainm dom. Tá mé cúig bliana déag d'aois agus tá cónaí orm in oirthear na hÉireann. Tá cúigear i mo theaghlach: m'athair, mo mháthair, mo dheartháir, mo dheirfiúr agus mé fhéin. Tá madra an-bheag againn chomh maith. I mo sheomra ranga, tá go leor cathaoireacha ann. Tá clár bán, ríomhaire agus boird ann chomh maith. Is seomra ranga an-mhór é mo sheomra ranga. I mo mhála scoile, tá peann dubh, rialóir buí, áireamhán agus bileog bhán agam. Tá cúpla peann dearg agus cúpla leabhar corcra ag cara liom Marc.

7. What does she and and her friends need? I: A white book **My brother**: Some pens **Brónagh**: A red computer **Nina**: Some green pages **Cathal**: A blue diary **Cliodhna**: Some chairs **Cormac**: A ruler **Diarmuid**: Some black exercise books **Róisín**: An eraser **Teresa**: A purple calculator

TRANSCRIPT: Teastaíonn leabhar bán **uaim**. Teastaíonn cúpla peann ó **mo dheartháir**. Teastaíonn ríomhaire dearg ó **Bhrónagh**. Teastaíonn cúpla bileog ghlas ó **Nina**. Teastaíonn dialann ghorm ó **Chathal**. Teastaíonn cúpla cathaoir ó **Chliodhna**. Teastaíonn rialóir ó **Chormac**. Teastaíonn cúpla cóipleabhar dubh ó **Dhiarmuid**. Teastaíonn scriosán ó **Róisín**. Teastaíonn áireamhán corcra ó **Theresa.**

8. Listen, spot and correct the errors: a. peann luaidhe b. leabhar glas c. Níl d. cúpla cathaoir e. agam f. áireamhán dubh g. dialann h. bán

TRANSCRIPT: a. Teastaíonn **peann luaidhe** uaim b. Tá **leabhar glas** ag cara liom c. **Níl** mála bán agus bileog ghlas agam d. I mo sheomra ranga, tá **cúpla caothaoir** ann e. Níl leabhar agus cás **agam** f. I mo chás, tá **áireamhán dubh** ann g. Ní theastaíonn **dialann** ó Dhiarmuid h. Teastaíonn clár **bán** ó mo mhúinteoir

9. Narrow listening: My name is Fiadha and I am **Irish**. I am **14** years old and I live in the **south** of Ireland. There are **six** people in my family. I have a white **cat** and a black **rabbit**. In my **pencil case** I have some things. I have a green **pen**, a yellow **pencil**, a white **ruler**, a black **eraser** and a blue **diary**. My **school** is a very big and **beautiful** school. My best friend's **name is** Laura. She has one **thing** in her pencil case: a **pen**. At home, she has a pet. She has a **big,** yellow and blue **parrot** which speaks and sings.

TRANSCRIPT: Fiadha is ainm dom agus is Éireannach mé. Tá mé ceithre bliana déag d'aois agus tá cónaí orm i ndeisceart na hÉireann. Tá seisear i mo theaghlach. Tá cat bán agus coinín dubh agam. I mo chás, tá cúpla rud agam. Tá peann glas, peann luaidhe buí, rialóir bán, scriosán dubh agus dialann ghorm agam. Is scoil an-mhór agus galánta í mo scoil. Laura is ainm do mo dhlúthchara. Tá rud amháin ina cás: peann. Sa bhaile, tá peata aici. Tá pearóid mhór, bhuí agus ghorm aici a labhraíonn agus a chasann.

10. Listen and arrange the information in the same order as it occurs in the text: 1. Aodh is my name 2. There are four people in my family 3. I am twelve years old and I live in Athlone 4. Athlone is situaetd in the midlands 5. I get along well with my mother 6. I don't get along well with my father 7. I like my school 8. In my classrooom, there isn't a computer there 9. I have a red schoolbag 10. In my pencil case, there are some things there

TRANSCRIPT: Aodh is ainm dom. Tá ceathrar i mo theaghlach. Tá mé dhá bhliain déag d'aois agus tá cónaí orm i mBaile Átha Luain. Tá Baile Áth Luain suite i lár na tíre. Réitím go maith le mo mháthair. Ní réitím go maith le m'athair. Is maith liom mo scoil. I mo sheomra ranga, níl ríomhaire ann. Tá mála scoile dearg agam. I mo chás, tá cúlpa rud ann

11. Answer the questions below about Eoghan: a. Jeaic b. teacher; doctor c. He likes his school but sometimes it is boring d. There is no computer there e. A white pencil case, a yellow book and a purple diary f. An eraser and a calculator

TRANSCRIPT: Dia duit, Eoghan is ainm dom. Tá mé seacht mbliana déag d'aois agus tá cónaí orm ar imeall an bhaile. Tá seachtar i mo theaghlach agus tá beirt deartháireacha agam. Is é Jeaic an deartháir is fearr liom mar gur duine greannmhar é. Is múinteoir é m'athair agus is dochtúir í mo mháthair. Is breá léi a post. Is maith liom mo scoil ach uaireanta, bíonn sí leadránach. I mo sheomra ranga, tá clár bán ann ach níl ríomhaire ann. Tá cúpla rud agam i mo mhála scoile. Tá cás bán, leabhar buí agus dialann chorcra agam. Níl scriosán agus áireamhán agam faraor.

12. Listening slalom:

Fionn: In my pencil case; I have; a pen; a pencil; a diary; an eraser; and a page

Ciara: In my schoolbag; I have; a diary; a pencil case; some exercise copies; a calculator; and a computer

Amanda: In my schoolbag; there are; some things; there are some books; some blue exercise copies; a red pencil case; and a page there

Mairéad: In my classroom; there are; some pencils; some green pens; a calculator; a ruler; and some books there

TRANSCRIPT:

Fionn: I mo chás, tá peann, peann luaidhe, dialann, scriosán agus bileog agam

Ciara: I mo mhála scoile, tá dialann, cás, cúpla cóipleabhar, áireamhán agus ríomhaire agam

Amanda: I mo mhála scoile, tá cúpla rud ann. Tá cúpla leabhar, cúpla cóipleabhar gorm, cás dearg agus bileog ann

Mairéad: I mo sheomra ranga, tá cúpla peann luaidhe, cúpla peann glas, áireamhán, rialóir agus cúpla leabhar ann

READING ALOUD - PART 1

a. Dia duit, Clíodhna is ainm dom. Tá mé seacht mbliana déag d'aois agus rugadh mé ar an gcúigiú lá de Bhealtaine. Tá gruaig dhubh chatach orm agus tá súile gorma agam. Ní chaithim spéaclaí. Sa bhaile, tá peata agam. Tá madra beag agam darb ainm Ted. Is duine cineálta agus deas í mo mháthair. I mo mhála scoile, tá cúpla rud agam. Tá leabhar glas, bileog bhán, áireamhán, cúpla peann luaidhe agus dialann chorca ann. Ní theastaíonn rud ar bith uaim!

b. Dia duit, Oisín is ainm dom. Tá mé trí bliana déag d'aois agus rugadh mé ar an séú lá de Dheireadh Fómhair. Tá gruaig fhionn dhíreach orm agus tá súile dubha agam. Tá croiméal ar mo Dhaid agus tá féasóg ar dheartháir liom. Caitheann mo mháthair spéaclaí. Sa bhaile, tá ceithre pheata agam. Tá dhá mhadra agam darb ainm Larry agus Freddie. Is duine cineálta agus deas í mo sheanmháthair. I mo sheomra ranga, níl go leor rudaí ann. Níl ríomhaire nó clár bán ann. Teastaíonn rialóir ó na daltaí agus teastaíonn leabhar ó mo mhúinteoir gach lá.

c. Dia duit, Neasa is ainm dom. Tá mé deich mbliana d'aois agus rugadh mé ar an gcéad lá is fiche de Mhárta. Tá gruaig rua chatach orm agus tá súile donna agam. Tá cúigear i mo theaghlach agus is í mo sheanmháthair an duine is fearr liom! Is duine fíordheas agus cineálta í. Is breá liom a bheith ag caitheamh ama léi. Sa bhaile, níl peata agam ach ba mhaith coinín a bheith agam agus thabharfainn Hopper air! I mo mhála scoile, tá cúpla rud agam. Tá cúpla peann luaidhe gorm, áireamhán, rialóir dubh agus bileog bhán ann. Teastaíonn dialann agus ríomhaire oráiste uaim! I mo sheomra ranga, tá clár bán agus gliú ann.

d. Saoirse is ainm dom. Tá mé cúig bliana is tríocha d'aois. Rugadh mé ar an bhfichiú lá de Nollaig. Tá ochtar i mo theaghlach agus tá triúr deartháireacha agam. Tá Odhrán fiche bliain d'aois. Tá cónaí orm i lár an bhaile i dteach galánta. Sa bhaile, tá trí phearóid agus lacha bheag agam. Is altra é mo dheartháir Seán in ospidéal mór. Is breá leis an obair mar go mbíonn sé ag cabhrú le daoine an t-am ar fad. I mo sheomra ranga, tá cúpla rud ann. Tá clár bán mór, cathaoireacha agus boird do gach dalta. Teastaíonn ríomhaire agus cóipleabhar ó gach dalta gach lá ar scoil.

e. Rónán is ainm dom. Tá mé naoi mbliana is fiche d'aois. Rugadh mé ar an gceathrú lá déag d'Iúil. Tá beirt i mo theaghlach. Cormac is ainm do m'athair agus tá sé caoga bliain d'aois. Tá cónaí orm i dteach beag ar an gcósta. Sa bhaile, tá cúig dhamhán alla agus luch agam. Is fear gnó é m'athair. Is breá leis an obair mar go mbíonn sé gnóthach ar maidin. I mo mhála scoile, tá cúpla rud agam. Tá leabhar bán, rialóir agus peann luaidhe dearg agam. Teastaíonn scriosán agus dialann ó gach dalta gach lá ar scoil.

UNIT 11 – TALKING ABOUT FOOD – INTRODUCTION

1. Listen and fill in the gaps: a. sailéad b. iasc c. oráistí d. uibheacha e. mil f. arán g. bainne h. úlla i. cloicheáin

TRANSCRIPT: a. Is breá liom sailéad b. Is aoibhinn leat iasc c. Ní maith leis oráistí d. Is fearr liom uibheacha e. Is maith le mo dheartháir mil f. Is breá le Gráinne arán g. Is fuath liom bainne h. Is aoibhinn le Seán úlla i. Is fuath le hAilbhe cloicheáin

2. Mystery words: a. Is fuath b. Torthaí c. Cáis d. Burgair e. Sicín rósta f. Prátaí g. Rís h. Torthaí

3. Listening for detail: Siún: Bainne; Uibheacha; Cáis; Trátaí **Tadhg:** Úlla; Arán; Súnna talún; Uisce

TRANSCRIPT: Siún: De ghnáth ar maidin, ithim agus ólaim go leor rudaí éagsúla. Ithim uibheacha, cáis agus trátaí. Ólaim gloinne bainne. **Tadhg:** Ní ithim ach arán, úlla agus súnna talún do mo bhricfeasta. Ólaim gloine uisce chomh maith.

4. Spot the differences and correct your text: a. súnna talún b. breá c. uisce d. fuath e. prátaí f. leat g. léi h. go hálainn i. fuath léi j. aoibhinn leis k. linn l. glasraí

TRANSCRIPT: a. Is breá liom torthaí, súnna talún ach go háirithe b. Is breá liom glasraí, cairéid ach go háirithe c. Ní maith liom uisce a ól d. Is fuath liom mil agus arán e. Is breá liom prátaí agus feoil le chéile f. Is aoibhinn leat milseáin g. Is fuath léi cáis ar bhurgair h. Is maith liom cloicheáin mar go bhfuil siad go hálainn i. Is fuath léi seacláid mar go bhfuil sí milis j. Is aoibhinn leis sicín rósta mar go bhfuil sé spíosrach k. Ní maith linn bananaí mar go bhfuil siad gránna l. Is breá liom glasraí mar go bhfuil siad sláintiúil

5. Spot the missing words and write them in: Éabha is ainm **dom**. Cén chaoi a bhfuil tú? Céard iad na rudaí is fearr **leat** le hithe? Mé fhéin, is breá liom **torthaí** éagsúla, súnna talún agus bananaí ach go háirithe mar **go bhfuil** siad go hálainn. Is aoibhinn liom feoil agus go leor prátaí ag **am** dinnéir. Is **fuath** liom cloicheáin mar go bhfuil siad **gránna**. D'íosfainn rud ar bith **eile** seachas cloicheáin!

6. Faulty translation: My name is Fionn. What are the things I **prefer** to eat? I **really like** fruit, especially **apples**. I **eat** them every day. I **prefer** tomatoes and potatoes because they are **delicious**. I like **honey** also because it is **sweet** and I **love** meat because it is **full of protein**. I hate roast **chicken** and burgers. They are **tasty** but they are not **sweet**.

TRANSCRIPT: Fionn is ainm dom. Céard iad na rudaí is fearr liom le hithe? Is breá liom torthaí, úlla ach go háirithe. Ithim iad gach lá. Is fearr liom trátaí agus prátaí mar go bhfuil siad go hálainn. Is maith liom mil chomh maith mar go bhfuil sí milis agus is aoibhinn liom feoil mar go bhfuil sí lán le próitéin. Is fuath liom sicín rósta agus burgair. Tá siad blasta ach níl siad milis.

7. Why do they like/dislike these foods? a. Healthy and sweet b. Rich in protein and tasty c. Disgusting d. Sweet e. Tasty f. Healthy g. Spicy and delicious h. Greasy i. Disgusting j. Not rich in protein k. Not delicious

TRANSCRIPT: a. Is breá liom torthaí mar go bhfuil siad sláintiúil agus milis b. Is aoibhinn le mo dhearthair uibheacha mar go bhfuil siad lán le próitéin agus blasta c. Is fuath le Saoirse glasraí mar go bhfuil siad gránna d. Ní maith le Nina úlla mar go bhfuil siad milis e. Is maith le Jeaic iasc mar go bhfuil sé blasta f. Is aoibhinn le Cormac oráistí mar go bhfuil siad sláintiúil g. Is breá le Rachel bia síneach mar go bhfuil sé spíosrach agus blasta h. Ní maith le hAghna feoil mar go bhfuil sí bealaithe i. Ní maith le Riain ispíní mar go bhfuil siad gránna j. Is fuath le Paraic prátaí mar nach bhfuil siad lán le próitéin k. Is fuath le Cian cairéid mar nach bhfuil siad go hálainn

8. Listen, spot and correct the spelling and grammar errors: a. go bhfuil b. leat c. blasta d. breá; oráistí e. Is fuath liom; sí f. ~~mé~~; gránna g. ~~Ólaim~~ Ithim h. le hÚna; lán

TRANSCRIPT: a. Is breá liom glasraí mar go bhfuil siad blasta b. Is breá leat burgair c. Ithim torthaí mar go bhfuil siad blasta d. Is breá liom oráistí mar go bhfuil siad milis e. Is fuath liom feoil mar go bhfuil sí bealaithe f. Ní ithim cairéid mar go bhfuil siad gránna g. Ithim sicín rósta gach lá h. Is aoibhinn le hÚna iasc mar go bhfuil sé lán le próitéin

9. Narrow listening: My name is Caragh. What do I like to eat? Well, I prefer **meat**, especially **roast chicken**. I love it because it is **tasty**. I **really** like burgers. I love **fish** too. I eat it with **rice**. I also like fruit because it is **sweet**. I don't like **vegetables**. I hate tomatoes and **carrots**. I do not like beans and **eggs** because they are **disgusting**. I hate **milk** also. They are rich in protein and vitamins but they are **not tasty**.

TRANSCRIPT: Caragh is ainm dom. Céard is maith liom le hithe? Bhuel, is fearr liom feoil, sicín rósta ach go háirithe. Is aoibhinn liom é mar go bhfuil sé blasta. Is breá liom burgair. Is aoibhinn liom iasc chomh maith. Ithim le rís é. Is maith liom torthaí freisin mar go bhfuil siad milis. Ní maith liom glasraí. Is fuath liom trátaí agus cairéid. Ní maith liom pónairí agus uibheacha mar go bhfuil siad gránna. Is fuath liom bainne chomh maith. Tá siad lán le próitéin agus vitimíní ach níl siad blasta.

10. Listen and arrange the information in the same order: 1. There are four people in my family 2. We love food and we eat a lot 3. My mother really likes bread and honey 4. She loves carrots and tomatoes 5. My sister prefers apples 6. She loves meat and fish also 7. My father prefers vegetables 8. He loves potatoes also 9. I like chocolate 10. I love milk also because it is sweet and healthy

TRANSCRIPT: Tá ceathrar i mo theaghlach. Is breá linn ar fad bia agus itheann muid go leor. Is breá le mo mháthair arán agus mil. Is aoibhinn léi cairéid agus trátaí. Is fearr le mo dheirfiúr úlla. Is aoibhinn léi feoil agus iasc chomh maith. Is fearr le m'athair glasraí. Is aoibhinn leis prátaí chomh maith. Is maith liom seacláid. Is aoibhinn liom bainne chomh maith mar go bhfuil sé milis agus sláintiúil

11. Answer the questions below about Maitiú: a. Six people b. Meat c. Tomatoes d. Roast chicken and rice e. Fish f. Bread and honey g. Eggs h. They are disgusting

TRANSCRIPT: Haigh, Maitiú is ainm dom agus is as Cill Dara dom. Tá seisear i mo theaghlach agus is aoibhinn le mo thuismitheoirí feoil ach is fuath le mo mháthair trátaí. Is breá le Ruadhán sicín rósta agus rís agus is maith le mo dhearthair eile Séamus iasc. Is aoibhinn liom arán agus mil ach is fuath liom uibheacha mar go bhfuil siad gránna.

12. Listening slalom:

Isobel: I love; meat; because it is; tasty; and rich in protein; I eat it with salad; or rice

Ciarán: I hate; carrots; and tomatoes; because they are; disgusting; I prefer; apples

Emma: I don't like; burgers; sausages; and bread; because they are; greasy; and unhealthy

Dearbhaile: I really like; chocolate; and sweets; because they are sweet; and tasty; but; they are unhealthy

TRANSCRIPT:

Isobel: Is aoibhinn liom feoil mar go bhfuil sí blasta agus lán le próitéin. Ithim le sailéad nó le rís í

Ciarán: Is fuath liom cairéid agus trátaí mar go bhfuil siad gránna. Is fearr liom úlla

Emma: Ní maith liom burgair, ispíní agus arán mar go bhfuil siad bealaithe agus míshláintiúil

Dearbhaile: Is breá liom seacláid agus milseáin mar go bhfuil siad milis agus blasta ach tá siad míshláintiúil

UNIT 12 – TALKING ABOUT FOOD – LIKES & DISLIKES

1. Listen and fill in the gaps: a. úlla b. bainne c. breá d. Ithim e. torthaí f. Anois is arís g. san oíche h. iasc; feoil i. Gach lá

TRANSCRIPT: a. Go ginearálta, ithim úlla ar maidin b. De ghnáth, ólaim bainne le mo bhricfeasta c. Is breá liom milseáin áfach d. Ithim rís nó sailéad le sicín rósta ag am dinnéir e. Gach lá, ithim go leor torthaí f. Anois agus arís, ólaim uisce le mo dhinnéar g. Go ginearálta, ithim feoil agus prátaí san oíche h. Is breá liom iasc nó feoil ar an Satharn i. Gach lá, ithim súnna talún

2. Mystery VERBS: a. ithim b. Cuirim c. Ólaim d. itheann e. aoibhinn f. Is

TRANSCRIPT: a. Ní ithim mórán ag am dinnéir b. Cuirim mil ar arán c. Ólaim uisce ar maidin d. Ní itheann sé feoil e. Is aoibhinn leis cáis f. Is fuath léi glasraí

3. Listening for detail: Ar maidin: Arán; Uibheacha **Ag am lóin:** Sailéad; Torthaí **Tar éis scoile:** Ispíní; Trátaí **Am dinnéir:** Glasraí; Feoil **San oíche:** Iasc

TRANSCRIPT: Haigh, Seán is ainm dom. Ithim go leor rudaí gach lá. Ar maidin, ithim slisín aráin agus uibheacha le chéile. Ansin, ag am lóin ar scoil, bíonn sailéad agus torthaí agam. Ní maith liom rís ar chor ar bith. Nuair a thagaim abhaile, bíonn rud beag le hithe agam ansin. Ithim ispíní agus trátaí go dtí go bhfuil dinnéar agam le mo theaghlach. De ghnáth, ní ithim ach glasraí agus feoil. Is breá liom dinnéar mór a ithe! Sula dtéim i mo luí san oíche, bíonn iasc agam. Bím lán go béal ansin!

4. Spot the differences: De ghnáth, bíonn go leor rudaí le hithe agam le linn an lae. Ar maidin, ithim **úlla** agus **ispíní** agus ólaim gloine **bainne**. Is **breá** liom cupán caife a ól freisin ar an **Aoine**. Ag am lóin, ní bhíonn ach béile an-bheag agam. Ithim **arán** a bhfuil mil air agus ólaim cupán tae. Uaireanta, ithim **slisín cáca** le mo chairde. Ansin, nuair a thagaim abhaile, réitím **béile** fíormhór don **dinnéar**. Ithim prátaí, **glasraí** de chuile shórt, cairéid agus pónairí. Ithim **feoil** chomh maith. Ar an Déardaoin, ithim **sicín rósta** nó mairteoil. Ólaim **bainne** le mo dhinnéar agus sula dtéim i mo luí, ólaim **tae** agus ithim rud beag milis.

5. Spot the missing words and write them in: Iain is ainm **dom**. Go ginearálta, ní **ithim** mórán rudaí ar maidin. Ní ólaim ach **uisce** agus ithim bananaí chun fuinneamh a thabhairt **dom**. Ag **am** lóin, bíonn **béile** níos mó agam ansin. Ithim feoil, **rís** nó sailéad agus ólaim ceithre chupán tae. Is breá liom **tae** a bhfuil braon **bainne** ann! Ag am **dinnéir**, réitím béile sách beag. Go minic, ithim **ispíní** nó burgair agus prátaí. Ólaim cupán **caife** agus ligim mo scíth ansin.

6. Faulty translation: My name is Rebecca. In general, I eat **a lot** of things **in the morning**. I eat apples **and bread** and I drink coffee too. At **lunchtime**, I eat fish usually and **I drink milk**. Sometimes, I eat roast **chicken**.   I eat burgers often because they are **delicious**. **At night**, I eat rice or a salad.

TRANSCRIPT: Rebecca is ainm dom. Go ginearálta, ithim go leor rudaí ar maidin. Ithim úlla agus arán agus ólaim caife chomh maith. Ag am lóin, ithim iasc de ghnáth agus ólaim bainne. Uaireanta, ithim sicín rósta. Ithim burgair go minic mar go bhfuil siad go hálainn. San oíche, ithim rís nó sailéad.

7. Write in English what each person thinks about each food/drink: John: Vegetables – disgusting; Prawns – greasy; Eggs – full of protein; Apples – sweet **Dee:** Seafood – tasty; Carrots – healthy; Honey – sweet; Potatoes – unhealthy

TRANSCRIPT: John: Ní maith liom glasraí mar go bhfuil siad gránna. Chomh maith leis sin, is fuath liom cloicheáin mar go bhfuil siad bealaithe. Ach is breá liom uibheacha mar go bhfuil siad lán le próitéin agus is maith liom úlla mar go bhfuil siad milis **Dee:** Is aoibhinn liom bia na mara mar go bhfuil sé blasta agus is breá liom cairéid mar go bhfuil siad sláintiúil. Ní maith liom mil mar go bhfuil sí milis, áfach, agus is fuath liom prátaí mar go bhfuil siad míshláintiúil

8. Listen, spot and correct the spelling and grammar errors: Ní **ithim** mórán rudaí ar **maidin** seachas arán agus úlla. Ólaim **uisce** agus **tae**. Is breá **liom** tae a bhfuil bainne ann chomh maith. Ag am lóin, ithim béile an-**mhór**. Ithim **feoil** agus rís nó prátaí agus ólaim gloine bainne. **San** oíche, bíonn rud beag le **hithe agam** sula dtéim i **mo** luí. Ithim súnna **talún** nó torthaí de **shaghas** éigint.

9. What do they have at lunch? a. Meat, vegetables, apples b. Fish, seafood, sweets c. Rice, roast chicken, oranges d. Burgers, potatoes, water e. A sandwich, strawberries, tea f. Sausages, salad, fruit

TRANSCRIPT: a. Ithim feoil, glasraí agus úlla b. Ithim iasc, bia na mara agus milseáin c. Ithim rís, sicín rósta agus oráistí d. Ithim burgair, prátaí agus ólaim uisce e. Ithim ceapaire, súnna talún agus ólaim tae f. Ithim ispíní, sailéad agus torthaí

10. Narrow listening: Usually, I don't eat or drink **a lot** of things in the morning: a banana, one or two **apples**, bread and **honey**, **orange** juice and a cup of coffee **on Friday**. It is a very **big** breakfast that is rich in vitamins and **tasty**. At lunchtime, I eat **meat** with **salad** and **rice**. I drink milk because it **healthy** and delicious. At dinner time, I eat **fish** or **seafood** and **bread**. I love chocolate because it is **sweet**.

TRANSCRIPT: De ghnáth, ní ithim ná ólaim mórán rudaí ar maidin: banana, úll amháin nó dhó, arán agus mil, sú oráiste agus cupán caife ar an Aoine. Is bricfeasta an-mhór é atá lán le vitimíní agus blasta. Ag am lóin, ithim feoil le sailéad agus rís. Ólaim bainne mar go bhfuil sé sláintiúil agus go hálainn. Ag am dinnéir, ithim iasc nó bia na mara agus arán. Is aoibhinn liom seacláid mar go bhfuil sí milis.

11. Listen and arrange the information in the same order: 1. In the morning, I don't eat a lot of things 2. Expect for eggs and bread 3. I drink coffee without sugar also 4. At lunchtime, I eat a lot 5. I eat meat or roast chicken 6. It is very healthy! 7. At 4pm, I have something small to eat 8. I eat bread with honey or jam 9. It is delicious! 10. I eat dinner around 8.30 at night 11. Usually, I eat fish or seafood 12. I drink water every day

TRANSCRIPT: Ar maidin, ní ithim mórán rudaí seachas uibheacha agus arán. Ólaim caife nach bhfuil siúcra ann chomh maith. Ag am lóin, ithim go leor rudaí. Ithim feoil nó sicín rósta. Tá sé an-sláintiúil! Ar a ceathair a chlog, bíonn rud beag le hithe agam. Ithim arán le mil nó subh. Tá sé go hálainn! Ithim dinnéar timpeall ar leathuair tar éis a hocht a chlog san oíche. De ghnáth, ithim iasc nó bia na mara. Ólaim uisce gach lá.

12. Answer the questions below about Eoin: a. Bread, fruit, eggs b. Healthy, delicious c. Roast chicken, tomatoes, seafood, water d. 7 o'clock e. Fish, potatoes

TRANSCRIPT: Eoin is ainm dom. Ar maidin, ithim arán, torthaí agus uibheacha mar go bhfuil siad sláintiúil agus go hálainn. Ag am lóin, ithim sicín rósta, trátaí, bia na mara agus ólaim uisce. San oíche, bíonn dinnéar agam ar a seacht a chlog agus ithim iasc agus prátaí.

13. Listen to Fionn talk about his family and fill in the grid: Sarah: Sister; Eggs; Roast chicken; Salad **Máire**: Mother; Bread; A sandwich; Rice **Liam:** Grandfather; Coffee; Potatoes; Fish **John:** Friend; Fruit; Sausages; Milk

TRANSCRIPT: Fionn is ainm dom. Sarah is ainm do mo dheirfiúr agus is maith léi uibheacha a ithe ar maidin. Itheann sí sicín rósta ag am lóin agus bíonn sailéad aici ag am dinnéir ansin. Máire is ainm do mo mháthair agus is maith léi arán a ithe ar maidin. Itheann sí ceapaire ag am lóin agus bíonn rís aici ag am dinnéir. Liam is ainm do mo sheanathair agus is maith leis caife a ól ar maidin. Itheann sé prátaí ag am lóin agus bíonn iasc aige ag am dinnéir ansin. John is ainm do chara liom agus is maith leis torthaí a ithe ar maidin. Itheann sé ispíní ag am lóin agus ólann sé bainne ag am dinnéir chomh maith.

UNIT 13 – TALKING ABOUT CLOTHES AND ACCESSORIES

1. Listen and fill in the gaps: a. geansaí b. caithim culaith c. bróga d. sciorta e. Caitheann f. carbhat g. brístí gearra h. scaif

TRANSCRIPT: a. Sa bhaile, caithim geansaí b. Ar an trá, caithim culaith shnámha c. Ag an spórtlánn, caithim bróga reatha d. Ní chaithim sciorta ariamh e. Caitheann cara liom éadaí deasa f. Ar scoil, caithim carbhat   g. Caitheann mo dheartháir brístí gearra i gcónaí h. Nuair a bhíonn sé fuar, caithim scaif

2. Mystery WORDS: a. Briste b. Hata c. Léine d. Cóta e. Gúna f. Slabhra g. Mála

3. Listening for detail: Nuair a bhíonn sé fuar: Hata; Geansaí **Nuair a bhíonn sé te:** Léine; Spéaclaí **Sa bhaile:** Brístí géine; Léine **Ag an spórtlann:** Bróga reatha; Caipín

TRANSCRIPT: Dylan is ainm dom. Nuair a bhíonn sé fuar, caithim hata agus geansaí. Ní maith liom an fuacht ar chor ar bith! Nuair a bhíonn sé te, caithim léine agus spéaclaí agus cuirim mo bholg leis an ngrian sa ghairdín. Sa bhaile, nuair a ligim mo scíth, ní chaithim ach brístí géine agus léine ach nuair a bhím ag an spórtlann, caithim bróga reatha agus caipín chun mé fhéin a choinneáil te.

4. Spot the differences and correct your text: Áine is ainm dom agus is duine **ard** mé. Mar sin de, caithim **brístí** agus léine atá compordach. Is breá liom **fáinní cluasa móra** chomh maith. Nuair a théim amach le mo chairde, is aoibhinn liom a bheith ag caitheamh éadaí geala cosúil le sciorta **oráiste**, cuaráin **dhearga** agus léine **ghorm**. Nuair a théim go dtí an **spórtlann**, caithim **éadaí spóirt** agus **bróga reatha compordacha**. Nuair a théim ar scoil, níl cead againn ach ár n-éadaí scoile a chaitheamh. Caitheann na daltaí geansaí **dearg**, bríste **liath** agus carbhat ildaite gach lá. Faoi dheireadh, nuair a **chasaim** le mo **sheanathair**, caithim cóta buí agus stocaí **gorma**. Is breá le mo **sheanathair** na dathanna siúd!

5. Spot the missing words: Laura is ainm dom agus tá mé deich **mbliana** d'aois. Is **as** Gaillimh dom. Tá seisear i **mo** theaghlach agus réitím go han-mhaith **le** m'athair agus **mo** mháthair ach go háirithe. Tá trí pheata againn **sa** bhaile: pearóid, coinín agus madra **gleoite**! Is breá liom éadaí compordacha **a** chaitheamh, éadaí spóirt thar aon rud **eile**! Is aoibhinn liom an dath **glas** agus mar sin de, tá léine ghlas agus **caipín** glas agam a chaitheamh gach **lá**.

Go ginearálta, nuair a théim **amach** le mo thuismitheoirí, caithim **sciorta** dubh, léine **ghorm** agus fáinní **cluasa** bána. Téann muid go bialann agus itheann muid **béile** an-bhlasta le chéile.

6. Faulty translation: I **really like** clothes, sports clothes especially. I have many **shoes**. I **prefer** multi-coloured **socks**. I wear a **jumper** every day. At home, I wear a **dress**, jeans and **slippers** usually. When I go out with my **friends** and when it is **cold**, I wear a **scarf** and **a coat**. **When** it is **hot**, I wear **shorts** and a **hat.**

TRANSCRIPT: Is breá liom éadaí, éadaí spóirt ach go háirithe. Tá go leor bróg agam. Is fearr liom stocaí ildaite. Caithim geansaí gach lá. Sa bhaile, caithim gúna, brístí géine agus slipéir de ghnáth. Nuair

a théim amach le mo chairde agus nuair a bhíonn sé fuar, caithim scaif agus cóta. Nuair a bhíonn sé te, caithim brístí gearra agus hata.

7. Write in English the clothing item/accessory and description: a. White coat b. Green shirt c. Grey suit d. Red earrings e. Black sandals f. Yellow watch g. Blue shoes h. Orange waistcoat

TRANSCRIPT: a: Cóta bán b. Léine ghlas c. Culaith liath d. Fáinne cluasa dearga e. Cuaráin dhubha f. Uaireadóir buí g. Bróga gorma h. Veist oráiste

8. Listen, spot and correct the spelling and grammar errors: Siobhán is ainm **dom** agus tá mé sé **bliana déag d'aois**. Nuair a **théim** amach le mo **chairde**, **caithim** gúna bán agus bróga sála arda **gorma**. Sa **bhaile**, caithim éadaí spóirt agus **bróga reatha**. Is breá liom léine a bhíonn saor agus a bhíonn éasca le caitheamh **chomh maith**. Nuair a théim ar scoil gach **lá**, caitheann na daltaí geansaí dearg, **léine bhán** agus bróga **dubha**. **Is** fuath liom m'éadaí scoile mar nach mbíonn siad compordach ar **chor** ar bith.

9. What are they wearing? Sinéad: A scarf, a jumper, a skirt, sandals **Evan:** A t-shirt, shorts, a watch, socks **Cian:** Slippers, sports clothes, a bag, a coat

TRANSCRIPTS: Sinéad: Caitheann cara liom scaif, geansaí, sciorta agus cuaráin **Evan:** Caitheann mo dheartháir t-léine, brístí gearra, uaireadóir agus stocaí **Cian:** Caitheann m'athair slipéir, éadaí spóirt, mála agus cóta

10. Narrow listening: Usually, I wear a **dress**, a **jacket**, trousers and **sports shoes**. When it is **hot**, I wear a **swimsuit, shorts** and **socks**. I have lots of **sports shoes** but I have a couple of **dresses** also. I like **sports** clothes but they are very expensive so, I don't have **many**. When I go out with my **friends** or with my **family**, I wear a **blue** t-shirt, **green trousers**, high heel shoes and a **necklace**. At **school**, I wear a red **jumper**, a **grey** skirt and a **multi-coloured** tie.

TRANSCRIPT: De ghnáth, caithim gúna, seaicéad, brístí agus bróga reatha. Nuair a bhíonn sé te, caithim culaith shnámha, brístí gearra agus stocaí. Tá go leor bróga spóirt agam ach tá cúpla gúna agam chomh maith. Is maith liom éadaí spóirt ach bíonn siad an-chostasach agus mar sin de, níl go leor acu agam. Nuair a théim amach le mo chairde nó le mo theaghlach, caithim t-léine ghorm, brístí glas, bróga sála arda agus slabhra. Ar scoil, caithim geansaí dearg, sciorta liath agus carbhat ildaite.

11. Listen and arrange the information in the same order as it occurs in the text: 1. My name is Cormac 2. I live in the south of Ireland 3. I am a tall and sporty person 4. I have three brothers and a sister 5. I have a big blue parrot 6. At home, I wear black slippers 7. When I go out, I wear a pink shirt 8. With jeans and sports shoes 9. At school, I wear a brown shirt 10. And black trousers

TRANSCRIPT: Cormac is ainm dom. Tá cónaí orm i ndeisceart na hÉireann. Is duine ard agus spórtúil mé. Tá triúr deartháireacha agus deirfiúr agam. Tá peáróid ghorm mhór agam. Sa bhaile, caithim slipéir dhubha. Nuair a théim amach, caithim léine bhándearg le brístí géine agus bróga reatha. Ar scoil, caithim léine dhonn agus brístí dubh.

12. Listen to Daithí's description of himself and his family and answer the questions below in English:

a. Offaly b. 2 c. Meat, rice and vegetables d. Because they are tasty and healthy e. Comfortable clothes such as a baseball cap, shorts and slippers f. Black and white sports shoes g. His cousin Leah

TRANSCRIPT: Daithí is ainm dom agus is as Uibh Fháilí dom. Tá ceathrar i mo theaghlach. Tá beirt deartháireacha agam darb ainm Luc agus Maitiú. Is maith liom gach saghas bia ach is fearr liom feoil, rís agus glasraí mar go bhfuil siad blasta agus sláintiúil. De ghnáth, caithim éadaí a bhíonn compordach ar nós caipín, brístí gearra agus slipéir. Is fearr liom bróga reatha bána agus dubha. Caitheann mo chol ceathrar Leah brístí géine agus bróga sála arda an t-am ar fad

13. Fill in the grid: Sara: A suit; Grey; A new job; Elegant; €50 **Maeve:** High heel shoes; Green; Going out with friends; Comfortable; €35 **Collie:** A shirt and a jumper; Blue; Going to school; Expensive; €67 **Maitiú:** Shorts; White; Going to the gym; Easy to wear; €8

TRANSCRIPT:

Sara: Sara is ainm dom. Cúpla lá ó shin, chuaigh mé ag siopadóireacht agus cheannaigh mé culaith liath do mo phost nua. Is maith liom í mar go bhfuil sí galánta. Bhí costas caoga euro uirthi.

Maeve: Maeve is ainm dom. Cúpla lá ó shin, chuaigh mé ag siopadóireacht agus cheannaigh mé bróga sála arda glasa chun caitheamh nuair a rachaidh mé amach le mo chairde. Is maith liom iad mar go bhfuil siad compordach. Bhí costas cúig euro is tríocha orthu.

Collie: Collie is ainm dom. Cúpla lá ó shin, chuaigh mé ag siopadóireacht agus cheannaigh mé léine ghorm agus geansaí gorm le caitheamh ar scoil. Ní maith liom iad mar go bhfuil siad costasach. Bhí costas seacht n-euro is seasca orthu.

Maitiú: Maitiú is ainm dom. Cúpla lá ó shin, chuaigh mé ag siopadóireacht agus cheannaigh mé brístí gearra bána chun caitheamh nuair a rachaidh mé go dtí an spórtlann. Is maith liom iad mar go bhfuil siad éasca le caitheamh. Bhí costas ocht n-euro orthu.

UNIT 14 – SAYING WHAT I AND OTHERS DO IN OUR FREE TIME

1. Complete with IMRÍM, DÉANAIM or TÉIM: a. **Imrím** cártaí b. **Déanaim** gleacaíocht c. **Déanaim** spórt d. **Téim** ag snámh e. **Imrím** peil f. **Déanaim** rothaíocht g. **Téim** go teach mo charad

2. Complete with the missing syllables: a. Imrím lead**óg** b. Déanann sé sci**áil** c. Téim ag iasc**aireacht** d. Téann sí go dtí an spó**rtlann** e. Ní imríonn muid cis**pheil** f. Déanann siad lúthchle**asaíocht** g. Imríonn m'athair fich**eall** h. Téim go dtí an **trá** i. Ní dhéanaim obair b**haile** j. Imríonn tú p**eil**

3. Listening for detail: what activities does Aghna do each day? Monday: Goes cycling **Tuesday:** Goes swimming **Wednesday:** Goes to the gym **Thursday:** Does horse riding **Friday:** Plays chess **Saturday:** Plays football **Sunday:** Goes to the beach

TRANSCRIPT: Aghna is ainm dom. Ar an Luan, téim ag rothaíocht agus ar an Máirt, téim ag snámh san fharraige. Ansin ar an gCéadaoin, téim go dtí an spórtlann agus ar an Déardaoin, déanaim marcaíocht capaill. Faoi dheireadh ar an Aoine, imrím ficheall le mo sheantuismitheoirí. Ar an Satharn, imrím peil agus ar an Domhnach, téim go dtí an trá le mo chairde.

4. Spot the intruder: Bríd is ainm dom agus tá cónaí orm ~~sa~~ faoin tuath. Is duine spórtúil ~~agus aclaí~~ mé. Nuair a bhíonn an t-am agam, téim ag snámh le mo dheirfiúr agus imríonn muid peil ~~agus cártaí~~ ar an trá. Is breá liom gach saghas spórt, gleacaíocht, ~~lúthchleasaíocht~~ agus cispheil ach go háirithe. Déanaim gleacaíocht mar go bhfuil sé ~~taitneamhach agus~~ éasca le déanamh. Imrím cispheil ~~ar scoil~~ le mo chairde ~~ag am lóin agus~~ tar éis na scoile. Ar an Aoine, téim go dtí an spórtlann nó téim ag siúl le mo ~~dhá~~ mhadra. Nuair a bhíonn sé te, téim ar shiúlóidí ~~sna sléibhte~~. Ar an Satharn, téim ag damhsa le mo chairde agus caithim éadaí ~~gorma agus~~ compordacha.

TRANSCRIPT: Bríd is ainm dom agus tá cónaí orm faoin tuath. Is duine spórtúil mé. Nuair a bhíonn an t-am agam, téim ag snámh le mo dheirfiúr agus imríonn muid peil ar an trá. Is breá liom gach saghas spórt, gleacaíocht agus cispheil ach go háirithe. Déanaim gleacaíocht mar go bhfuil sí éasca le déanamh. Imrím cispheil le mo chairde tar éis na scoile. Ar an Aoine, téim go dtí an spórtlann nó téim ag siúl le mo mhadra. Nuair a bhíonn sé te, téim ar shiúlóidí. Ar an Satharn, téim ag damhsa le mo chairde agus caithim éadaí compordacha.

5. Faulty translation: correct the translation: My name is Laura. I have **brown** hair and I am a very **kind** and **honest** person. I am not a very **fit** person. I prefer to **go to my friend's house**, play chess, play cards or go shopping. When the weather is **bad**, I **don't** go hiking **usually**. I go to the park with my **friends**. I go to the gym rarely. I prefer to go **dancing now and again**.

TRANSCRIPT: Laura is ainm dom. Tá gruaig dhonn orm agus is duine an-chneasta agus macánta mé. Ní duine an-aclaí mé. Is fearr liom dul go teach mo charad, ficheall a imirt, cártaí a imirt nó dul ag siopadóireacht. Nuair a bhíonn an aimsir go dona, ní théim ar shiúlóidí de ghnáth. Téim go dtí an pháirc le mo chairde. Téim go dtí an spórtlann go hannamh. Is fearr liom dul ag damhsa anois is arís.

6. What pastime do they do?: a. Swimming b. Climbing c. Skiing d. Chess e. Football f. Cycling g. Fishing h. Athletics i. Dancing

TRANSCRIPT: Niamh: Niamh is ainm dom agus téim ag snámh le mo chairde **Aifric:** Aifric is ainm dom agus déanaim dreapadóireacht sna sléibhte **Dónal:** Dónal is ainm dom agus déanaim sciáil nuair a bhíonn sé ag cur sneachta **Brónagh:** Brónagh is ainm dom agus imrím ficheall le mo sheanmháthair **Caolán:** Caolán is ainm dom agus imrím peil le mo club peile **Anraí:** Anraí is ainm dom agus téim ag rothaíocht le m'athair gach lá **Caoimhe:** Caoimhe is ainm dom agus téim ag iascaireacht anois is arís **Daphne:** Daphne is ainm dom agus déanaim lúthchleasaíocht **Éanna:** Éanna is ainm dom agus téim ag damhsa dhá uair sa tseachtain

7. Spot the differences and correct your text: Éadaoin is ainm **dom** agus is Éireannach **mé**. Is **breá** liom a bheith ag déanamh spóirt. Is aoibhinn liom gach saghas spórt. Imrím **peil** gach lá agus téim **ag rothaíocht** go minic. **Déanaim** marcaíocht capaill **anois is arís** agus téim go dtí an **spórtlann** dhá uair sa tseachtain. Faraor, **is fuath** liom a bheith ag damhsa agus ní imrím **ficheall**. Nuair a bhíonn an aimsir **te**, déanaim sciáil agus téim **ar shiúlóidí** uaireanta.

8. Split sentences – Listen and match: 1-f 2-e 3-i 4-a 5-h 6-c 7-g 8-b 9-d

TRANSCRIPT: 1. Téim ag rothaíocht gach lá 2. Imrím cispheil 3. Téim go teach mo charad 4. Ní théim ar shiúlóidí 5. Nuair a bhíonn sé te, imrím peil 6. Ní dhéanaim gleacaíocht 7. Imrím le mo chairde 8. Téim ag snámh go minic 9. Déanaim spórt gach dara lá

9. Listen, spot and correct the grammar/spelling errors: a. Imrím ~~mé~~ haca b. Ní **théim** ag snámh c. **Imrím** iománaíocht tar éis na scoile d. Déanann sé rásaíocht capaill **ar** an Luan e. Ní **théim** go dtí an trá f. Déanaim dornálaíocht **ag** an deireadh seachtaine g. **Déanaim** seoltóireacht h. Ní **imrím** haca

10. Mystery words - predict then check: a. Rugbaí b. Rámhaíocht c. Sacar d. Tógáil meáchan e. Ag dul go dtí an pháirc f. Ag dul go dtí an trá g. Dornálaíocht h. Deireadh seachtaine i. Eitpheil

11. Spot the missing words and write them in: Éimhín is ainm dom agus tá cónaí **orm** i lár **na** tíre. Nuair a bhíonn an **aimsir** te, téim **go dtí** an trá agus imrím eitpheil **le** cairde liom. Is breá liom **a bheith** ag imirt spóirt! Ar **an** Domhnach, déanaim tógáil meáchan **san ionad spóirt** agus téim **ar** shiúlóidí **sna** sléibhte. Nuair a bhíonn an aimsir **go dona**, téim **go** teach **mo** charad agus imríonn muid **ficheall agus** cártaí.

12. Listen to Fergus talk about his friends and fill in the grid below: a. 10; Tall and funny; Chicken and rice; Sports clothes; Football; Every day b. 15; Short and lazy; Fish and vegetables; A white T-shirt; Basketball; On Mondays c. 12; Strong and chatty; Fruit and bread; Red slippers; Horse riding; Sometimes d. 14; Weak and hard-working; Burgers and potatoes; A black bag; Sailing; When the weather is good e. 11; Small and generous; Honey and strawberries; A blue dress; Weight lifting; At the weekend

TRANSCRIPT: Fergus is ainm dom agus tá go leor cairde agam. Chris is ainm do chara liom. Tá sé deich mbliana d'aois agus is duine ard agus greannmhar é. Itheann sé sicín agus rís agus caitheann sé éadaí spóirt an t-am ar fad. Imrím sé peil gach lá. Cara eile liom, Aaron is ainm dó. Tá sé cúig bliana déag d'aois agus is duine íseal agus leisciúil é. Itheann sé iasc agus glasraí agus caitheann sé t-léine bhán ar scoil. Imríonn sé cispheil ar an Luan. Cara eile liom, Anraí is ainm dó. Tá sé dhá bhliain déag d'aois

agus is duine láidir agus cainteach é. Itheann sé torthaí agus arán agus caitheann sé slipéir dhearga sa bhaile. Déanann sé marcaíocht capaill uaireanta. Chomh maith leis sin, tá Niamh, cara scoile liom, ceithre bliana déag d'aois agus is duine lag agus díograiseach í. Itheann sí burgair agus prátaí agus caitheann sí mála dubh nuair a théann sí amach. Déanann sí seoltóireacht nuair a bhíonn an aimsir go maith. Faoi dheireadh, is í Fionla mo dhlúthchara. Tá sí aon bhliain déag d'aois agus is duine beag agus flaithiúil í. Itheann sí mil agus súnna talún agus caitheann sí gúna gorm nuair a théann sí go dtí an halla damhsa. Déanann sí tógáil meáchan ag an deireadh seachtaine.

13. Narrow listening - Gapped translation: My name is **Keelin** and I am **thirteen** years old. I am **Irish** and I live **in the west** of Ireland. I am not a **small, weak** and **intelligent** person. There are **six people** in my **family**: my **parents**, my **two brothers** and my younger **sister**. My parents are very **kind** and **funny** people. My brothers are **sporty people** and my **younger** sister is a **lazy** and **unfriendly** person. My favourite foods **are potatoes** and **meat**. I eat **fish** often. When I have the time, I do a lot of different **sports**. I play **camógie** at school **every day**. I do **martial arts** in the gym near my house **twice a week**. I go to the **dance hall** and from time to time, I go to **the playing pitch** with my brothers. Beside sports, I play **cards** also and I go to **the beach** once a week. I love **sport**! Goodbye!

TRANSCRIPT: Keelin is ainm dom agus tá mé trí bliana déag d'aois. Is Éireannach mé agus tá cónaí orm in iarthar na hÉireann. Ní duine beag, lag ná cliste mé. Tá seisear i mo theaghlach: mo thuismitheoirí, mo bheirt deartháireacha agus mo dheirfiúr níos óige. Is daoine an-chneasta agus greannmhara iad mo thuismitheoirí. Is daoine spórtúla iad mo dheartháireacha agus is duine leisciúil agus neamhchairdiúil í mo dheirfiúr níos óige. Is iad prátaí agus feoil an bia is fearr liom. Ithim iasc go minic. Nuair a bhíonn an t-am agam, déanaim go leor spórt éagsúil. Imrím camógaíocht ar scoil gach lá. Déanaim ealaín comhraic sa spórtlann atá gar do mo theach dhá uair sa tseachtain. Téim go dtí an halla damhsa agus ó am go ham, téim go dtí an pháirc imeartha le mo dheartháireacha. Seachas spórt, imrím cártaí chomh maith agus téim go dtí an trá uair amháin sa tseachtain. Is aoibhinn liom spórt! Slán!

READING ALOUD – Part 2

a. Lorcán is ainm dom agus tá ceathrar i mo theaghlach. Ithim go leor rudaí difriúla ar maidin mar go dtugann sé fuinneamh dom don lá amach romham. Ithim torthaí, uibheacha agus ólaim caife agus uisce. Ag am lóin, bíonn burgair agus sceallóga agam agus ólaim bainne. Tar éis na scoile, bíonn rud beag le hithe agam sula ndéanaim m'obair bhaile. Ithim ceapaire a bhfuil liamhás agus cáis ann. Is fear an tí é m'athair agus réitíonn sé an dinnéar dúinn. Is fear ard agus láidir é chomh maith. Tar éis an dinnéir, ligeann muid ár scíth sa seomra suí le chéile.

b. Naoise is ainm dom agus tá seachtar i mo theaghlach. Ní ithim go leor rudaí ar maidin seachas úlla agus ní ólaim ach sú oráiste. Ag am lóin, bíonn sailéad agus glasraí agam agus ólaim tae. Tar éis na scoile, bíonn rud beag le hithe agam sula ndéanaim m'obair bhaile. Ithim ispíní agus rís. Oibríonn mo thuismitheoirí sa bhaile agus mar gheall air sin, réitím an dinnéar. Bíonn sicín rósta agus prátaí againn de ghnáth. Féachann muid ar scannán le chéile ansin sula dtéim i mo luí.

c. Oonagh is ainm dom agus tá ochtar i mo theaghlach. Lorcán is ainm do m'athair agus is duine cainteach é ach tá mo mháthair níos caintí ná é. Ar maidin, itheann sé cáis agus arán agus ólann sé tae. Ag am lóin, bíonn ceapaire aige a bhfuil sicín rósta ann. Nuair a thagann sé abhaile, réitíonn sé na glasraí. Is bean an tí í mo mháthair. Is breá léi a post mar go bhfuil sé sásúil agus éasca. Is duine deas agus cliste í. Caitheann sí éadaí galánta. De ghnáth, caitheann sí gúna, léine bhán agus cuaráin dhubha. Ní chaitheann sí geansaí oráiste nó fáinní cluaise buí. Ní maith léi an dath sin. Gráinne is ainm do dheirfiúr liom. Tá sí sé bliana déag d'aois agus tá súile gorma aici. Is duine íseal agus tanaí í. Ní imríonn sí spórt go minic ach téann sí ar shiúlóidí leis an madra ar an Máirt agus ar an gCéadaoin. Imríonn sí cártaí anois is arís. Déanann sí seoltóireacht nuair a bhíonn an aimsir go maith.

d. Dia duit, Rígan is ainm dom agus tá cónaí orm i dTuaisceart na tíre. Tá beirt deartháireacha agam. Liam agus Stiofán is ainm dóibh. Tá gruaig dhonn orthu agus tá súile glasa acu. Is daoine spórtúla agus cainteacha iad. Is dochtúir é Liam. Itheann sé feoil, arán agus torthaí. Ólann sé caife agus uisce. Caitheann sí brístí gearra dearga agus cuaráin dhubha. Tá Stiofán ocht mbliana déag d'aois. Is duine spórtúil é. Imríonn sé iománaíocht gach lá.

e. Sadhbh is ainm dom agus tá mé seacht mbliana déag d'aois. Céard is maith leat le hithe ar maidin? Ithim iasc agus torthaí agus ólaim sú oráiste. Ag am lóin, ithim ceapaire agus sailéad. Is aoibhinn liom sailéad mar go bhfuil sé sláintiúil agus go maith don chorp. Tar éis na scoile, téim go dtí an spórtlann agus déanaim tógáil meáchan. Is duine aclaí agus láidir mé. Is breá liom a bheith ag imirt spóirt le cairde liom. Nuair a bhíonn an aimsir go dona, imrím cártaí agus ficheall agus téim go teach mo charad. Déanaim seoltóireacht anois is arís.

UNIT 15 – TALKING ABOUT WEATHER AND FREE TIME

1. Listen and fill in the gaps: a. an t-am b. geal c. go maith d. te e. ag báisteach f. seachtaine g. scamallach h. go dona

TRANSCRIPT: a. Nuair a bhíonn an t-am agam, imrím leadóg b. Nuair a bhíonn sé geal, téim ag rothaíocht c. Nuair a bhíonn an aimsir go maith, imrím peil d. Nuair a bhíonn an aimsir te, déanaim rámhaíocht e. Nuair a bhíonn sé ag báisteach, fanaim sa bhaile f. I rith na seachtaine, téim go dtí an linn snámha g. Nuair a bhíonn sé scamallach, imrím cártaí h. Nuair a bhíonn an aimsir go dona, fanaim i mo sheomra

2. Mystery WORDS – guess the words, then listen and see how many you guessed right: a. An **aim**sir b. **G**rianmhar c. **C**eomhar d. **Nu**air a **bh**íonn sé e. **G**aofar f. A**g** b**áis**teach g. **G**o do**n**a h. A**g** c**ur** sneach**t**a

3. Listening for detail: Saoirse: Goes to the dance hall; Does homework; Plays chess; **Senan:** Goes to the shopping centre; Plays cards; Does sport **Síofra:** Does rowing; Goes to the pool; Plays football

TRNSCRIPT: Saoirse: Saoirse is ainm dom. Nuair a bhíonn an t-am agam, téim go dtí an halla damhsa, déanaim obair bhaile agus imrím ficheall ag an deireadh seachtaine **Senan:** Senan is ainm dom. Nuair a bhíonn an t-am agam, téim go dtí an t-ionad siopadóireachta, imrím cártaí agus déanaim spórt ag an deireadh seachtaine **Síofra:** Síofra is ainm dom. Nuair a bhíonn an t-am agam, déanaim rámhaíocht, téim go dtí an linn snámha agus imrím peil ag an deireadh seachtaine.

4. Fill in the blanks: Céard a **dhéanann** tú nuair a bhíonn an **t-am** agat? Nuair a bhíonn **an aimsir** go **maith**, imrím **cispheil** le mo **chairde** agus téim ar **shiúlóidí** sna sléibhte. **Nuair** a bhíonn sé **fuar**, caithim **cóta** agus téim go dtí an **t-ionad spóirt** agus déanaim tógáil **meáchan**. Is duine **láidir** mé. I rith na **seachtaine**, déanaim **marcaíocht** capaill agus **lúthchleasaíocht**. Nuair a **bhíonn** sé ag **báisteach**, fanaim **sa bhaile** nó i mo **sheomra**. Uaireanta, déanaim **rámhaíocht** ar an abhainn agus téim **ag siúl** le mo **mhadra**.

5. Spot the missing words and write them in: Tadhg is ainm **dom** agus is Éireannach mé. Tá mé seacht **mbliana** déag d'aois agus is duine **aclaí** agus **spórtúil** mé. Nuair a bhíonn an t-am **agam**, imrím **iománaíocht** le cairde **liom**. Nuair a bhíonn an aimsir **grianmhar**, téim **go dtí an** trá agus téim ag **snámh**. Nuair a bhíonn sé **stoirmiúil**, fanaim sa **bhaile** nó téim go teach mo **sheantuismitheoirí**. Déanaim **spórt** gach lá ach is fearr liom **rothaíocht** thar aon rud **eile**. I rith **na** seachtaine, déanaim ealaín **comhraic**.

6. Faulty translation: correct the translation: When I have extra time, I **do** sport. First of all, I play **tennis**, **hurling** and soccer. Moreover, I wear a shirt, **a jacket**, **shoes** and sports clothes every **day**. When it is **raining**, I go to the **shopping** centre. When the weather is **hot**, I go to the beach, I do **rock climbing** in the mountains and when the weather is **good**, I do athletics and **gymnastics** in the sports centre. When it is **foggy**, I go sailing. When it is **stormy**, I stay at home or in my room or I go to my **friend's** house.

TRANSCRIPT: Nuair a bhíonn am sa bhreis agam, déanaim spórt. Ar an gcéad dul síos, imrím leadóg, iománaíocht agus sacar. Anuas air sin, caithim léine, seaicéad, bróga agus éadaí spóirt gach lá. Nuair a bhíonn sé ag báisteach, téim go dtí an t-ionad siopadóireachta. Nuair a bhíonn an aimsir te, téim go dtí an trá agus déanaim dreapadóireacht sna sléibhte. Nuair a bhíonn an aimsir go maith, déanaim lúthchleasaíocht agus gleacaíocht san ionad spóirt. Nuair a bhíonn sé ceomhar, téim ag bádóireacht. Nuair a bhíonn sé stoirmiúil, fanaim sa bhaile nó i mo sheomra nó téim go teach mo charad.

7. Write in English what each person thinks about different types of weather: a. Loves; Hot; Beach b. Likes; Stormy; Sailing c. Really likes; Good; Swimming d. Loves; Rain; Stay at home e. Hates; Cold; Goes to the shopping centre f. Doesn't like; Bad; Homework g. Loves; Sunny; Rock climbing h. Likes; Foggy, Goes to the sports centre

TRANSCRIPT: a. Is aoibhinn liom aimsir te mar go dtéim go dtí an trá b. Is maith liom aimsir stoirmiúil mar go ndéanaim seoltóireacht c. Is breá liom aimsir mhaith mar go dtéim ag snámh d. Is aoibhinn liom an bháisteach mar go bhfanaim sa bhaile e. Is fuath liom aimsir fhuar mar go dtéim go dtí an t-ionad siopadóireachta f. Ní maith liom drochaimsir mar go ndéanaim m'obair bhaile g. Is aoibhinn liom aimsir ghrianmhar mar go ndéanaim dreapadóireacht h. Is maith liom aimsir cheomhar mar go dtéim go dtí an t-ionad spóirt.

8. Listen, spot and correct the spelling and grammar errors: Fionnán is ainm **dom** agus is duine íseal ach **láidir** mé. Tá gruaig **dhonn ghearr** orm agus tá súile **gorma agam**. Tá cónaí orm i **gCill** Chainnigh. Nuair a bhíonn an **t-am** agam, **imrím** iománaíocht agus peil le cairde liom ar scoil. Tar éis na **scoile**, téann muid go dtí an raon **reatha** agus déanann muid **lúthchleasaíocht** go dtí go **dtéann** muid abhaile don **dinnéar**. Ithim go leor rudaí tar **éis** lá **tuirsiúil**. Ithim feoil, rís agus arán. Is **breá liom** feoil mar **go bhfuil** sí go **hálainn** agus sláintiúil.

9. Sentence puzzle - listen and rewrite correctly: a. Nuair a bhíonn sé te, téim go dtí an trá b. Nuair a bhíonn an aimsir go dona, fanaim sa bhaile c. Nuair a bhíonn sé ag báisteach, imrím cártaí le mo dheartháir d. Nuair a bhíonn sé gaofar, déanaim seoltóireacht e. Nuair a bhíonn an t-am agam, déanaim marcaíocht capaill f. Uaireanta, téim go dtí an t-ionad siopadóireachta g. Ag an deireadh seachtaine, imrím iománaíocht

10. Listen and arrange the information in the same order as it occurs in the text: 1. I live in Limerick 2. I am a teacher 3. I am a funny and friendly person 4. I like my job because it is enjoyable 5. I love sport 6. I am a tall and fit person 7. When it is hot, I go to the beach 8. I go swimming 9. When it is windy 10. I do sailing 11. I do rock climbing also 12. When the weather is bad, I go to the sports centre

TRANSCRIPT: 1. Tá cónaí orm i Luimneach 2. Is múinteoir mé 3. Is duine greannmhar agus cairdiúil mé 4. Is maith liom mo phost mar go bhfuil sé taitneamhach 5. Is aoibhinn liom spórt 6. Is duine ard agus aclaí mé 7. Nuair a bhíonn sé te, téim go dtí an trá 8. Téim ag snámh 9. Nuair a bhíonn sé gaofar 10. Déanaim seoltóireacht 11. Déanaim dreapadóireacht chomh maith 12. Nuair a bhíonn an aimsir go dona, téim go dtí an t-ionad spóirt

11. Listen to Denise and answer the questions below in English: a. Sligo; The west of Ireland b. Tall, friendly, intelligent, sporty c. Sunny and bright d. Goes to the shopping centre e. Does rowing on the river

TRANSCRIPT: Denise is ainm dom agus tá cónaí orm i Sligeach in iarthar na hÉireann. Is duine ard, cairdiúil, cliste agus spórtúil mé. Inniu, tá an aimsir go breá. Tá sé grianmhar agus geal. Nuair a bhíonn an aimsir go dona, téim go dtí an t-ionad siopadóireachta agus nuair a bhíonn an aimsir go maith, déanaim rámhaíocht ar an abhainn.

12. Listen to Aoibhe talk about her family and then fill in the grid:

Aoibhe: Funny; Tall; Jeans; Swimming and cycling; Plays chess and stays in my room; Goes to the beach

Lisa: Generous; Pretty; A white dress; Hiking and tennis; Goes to the gym and to the shopping centre; Goes to the playing pitch

Maitiú: Hard-working; Strong; A black shirt; Horse riding and cards; Goes to the gym and stays at home; Goes to the swimming pool

Órla: Lazy; Slim; Red slippers; Goes to the countryside and plays with her friends; Stays in her room and goes to the dancing hall; Does sailing

TRANSCRIPT: Aoibhe is ainm dom agus is duine greannmhar agus ard mé. Caithim brístí géine gach lá. Nuair a bhíonn an aimsir go maith, téim ag snámh agus déanaim rothaíocht. Nuair a bhíonn an aimsir go dona, imrím ficheall agus fanaim i mo sheomra. Nuair a bhíonn sé te, téim go dtí an trá. Lisa is ainm do mo mháthair agus is duine flaithiúil agus dathúil í. Caitheann sí gúna bán anois is arís. Nuair a bhíonn an aimsir go maith, téann sí ar shiúlóidí agus imrím sí leadóg. Nuair a bhíonn an aimsir go dona, téann sí go dtí an spórtlann agus an t-ionad siopadóireachta. Nuair a bhíonn sé te, téann sí go dtí an pháirc imeartha. Maitiú is ainm do m'athair agus is duine díograiseach agus láidir é. Caitheann sé léine dhubh agus é ag obair. Nuair a bhíonn an aimsir go maith, déanann sé marcaíocht capaill agus imríonn sé cártaí. Nuair a bhíonn an aimsir go dona, téann sé go dtí an spórtlann agus fanann sé sa bhaile. Nuair a bhíonn sé te, téann sé go dtí an linn snámha. Órla is ainm do mo dheirfiúr agus is duine leisciúil agus tanaí í. Caitheann sí slipéir dhearga go minic. Nuair a bhíonn an aimsir go maith, téann sí go dtí an tuath agus imríonn sí lena cairde. Nuair a bhíonn an aimsir go dona, fanann sí ina seomra agus téann sí go dtí an halla damhsa. Nuair a bhíonn sé te, déanann sí seoltóireacht.

UNIT 16 – TALKING ABOUT DAILY ROUTINE

1. Listen and fill in the gaps: a. maidin b. San c. cúig d. teach e. meánlae f. Ligim g. thráthnóna h. scoil i. obair

TRANSCRIPT: a. Ar maidin b. San oíche c. Éirím ar chúig chun a hocht d. Fágaim an teach e. Ag meánlae, ithim mo dhinnéar f. Ligim mo scíth g. Um thráthnóna h. Téim ar scoil ar an mbus i. Déanaim m'obair bhaile

2. Multiple choice quiz: a. 1 b. 2 c. 1 d. 3 e. 2 f. 1 g. 3 h. 2 i. 1 j. 2

TRANSCRIPT: a. Ar a sé a chlog b. Ar chúig tar éis a deich c. Ar cheathrú chun a trí d. Ar chúig tar éis a sé e. Ar chúig chun a haon déag f. Ar leathuair tar éis a dó g. Ar fhiche cúig tar éis a dó h. Ag meánoíche i. Ar fhiche tar éis a seacht j. Ar cheathrú chun a hocht

3. Which of the following times do you hear in the text? 6:15; 12:00; 7:30; 8:05

TRANCRIPT: Éirím ar cheathrú tar éis a sé ar maidin agus cuirim m'éadaí orm fhéin ansin. Téim síos staighre agus ithim mo bhricfeasta sa chistin. Ar dheich tar éis a seacht, scuabaim m'fhiacla agus fágaim an teach ina dhiaidh sin. Téim ar scoil ar an mbus ar chúig tar éis a naoi. Ithim mo lón ag meánlae ar scoil. Um thráthnóna, tagaim abhaile agus ithim mo dhinnéar ar dheich tar éis a trí. Déanaim m'obair bhaile ansin ar leathuair tar éis a seacht. San oíche, ligim mo scíth ar chúig tar éis a hocht agus téim i mo luí ar a deich a chlog faoi dheireadh.

4. Write out the times below and listen to check if they are correct: a. Ar cheathrú tar éis a hocht b. Ar cheathrú chun a hocht c. Ar fhiche tar éis a naoi d. Ar fhiche chun a seacht e. Ar leathuair tar éis a haon déag f. Ar fhiche cúig tar éis a naoi g. Ag meánoíche h. Ag meánlae

5. Spot the differences and correct your text: Róisín is ainm dom. Tá mé **ceithre** bliana déag d'aois agus tá cónaí orm i lár na tíre. Ar **dheich tar éis a seacht**, éirím ar maidin agus cuirim m'éadaí orm fhéin ansin. Ithim mo bhricfeasta ar **fhiche** tar éis a seacht agus scuabaim m'fhiacla ar leathuair tar éis a seacht. Fágaim an teach **ar dheich tar éis a hocht.** Téim ar scoil ar an mbus ar **cheathrú** tar éis a hocht. Ithim mo lón ar scoil le mo **dheirfiúr** sa cheaintín. Tagaim abhaile ansin agus ithim mo dhinnéar timpeall ar a **sé** a chlog le mo theaghlach sa chistin. Ina dhiaidh sin, déanaim m'obair bhaile i mo sheomra leapa. Ligim mo scíth ar a **deich** a chlog agus téim i mo luí ar **fhiche cúig** chun a haon déag ansin.

6. Spot the missing words and write them in: Ar cheathrú tar éis **a** sé, éirím agus ithim **mo** bhricfeasta sa chistin thíos staighre. **Ansin**, scuabaim m'fhiacla ar leathuair tar éis a **sé** agus cuirim m'éadaí orm fhéin **ar** a seacht a chlog sa seomra leapa. Fágaim an teach **ina** dhiaidh sin ar leathuair **tar éis** a seacht agus téim ar an **mbus** ar cheathrú chun **a** hocht. Ithim mo lón ar a haon déag a **chlog** agus ligim mo scíth **ansin**. Tagaim abhaile ansin **ar** a ceathair a chlog agus imrím cluichí ríomhaire **um** thráthnóna ansin. Ithim mo dhinnéar ar **leathuair** tar éis a sé agus **déanaim** m'obair. **Timpeall** ar a naoi a chlog, téim i mo luí.

7. Faulty translation: Correct the translation: My name is Alice and I am Irish. My daily routine is very simple. In general, I get up early, around **6:00**. I shower and I get dressed. Then, around **6:15**, I eat breakfast with my **father**. I usually eat **eggs** and I eat cereal. Around **7:30** I leave the house and go to school by bus. I come back home from school at around **4:10**. Generally, I watch television and I play computer games. From 6:00 to **9:00**, I do my homework. I love doing my homework! Then, at around **9:25**, I eat dinner with my family.

TRANSCRIPT: Alice is ainm dom agus is Éireannach mé. Tá titim amach an lae an-simplí agam. Go ginearálta, éirím go luath, timpeall ar a sé a chlog. Téim faoin gcith agus cuirim m'éadaí orm fhéin. Ansin, timpeall ar cheathrú tar éis a sé, ithim bricfeasta le m'athair. De ghnáth, ithim uibheacha agus calóga. Timpeall ar leathuair tar éis a seacht, fágaim an teach agus téim ar scoil ar an mbus. Tagaim ar ais ón scoil ar timpeall ar dheich tar éis a ceathair. Go ginearálta, féachaim ar an teilifís agus imrím cluichí ríomhaire. Ón a sé a chlog go dtí a naoi a chlog, déanaim m'obair bhaile. Is breá liom a bheith ag déanamh m'obair bhaile! Ansin, ar timpeall ar fhiche cúig tar éis a naoi, ithim dinnéar le mo theaghlach.

8. Listen and note down in English what activity Carmen does at each time: 6:30 - She gets up; 7:15 – She gets dressed; 8:00 - She eats breakfast; 9:15 - She leaves the house; 3:30 - She comes back from school; 4:00 – She does her homework; 6:30 - She eats her dinner; 10:00 - She watches television; 11:00 - She goes to bed

TRANSCRIPT: Carmen is ainm dom. Éirím ar leathuair tar éis a sé agus ar timpeall ar cheathrú tar éis a seacht, cuirim m'éadaí orm fhéin. Ag a hocht a chlog, ithim mo bhricfeasta sa chistin. Fágaim an teach ar cheathrú tar éis a naoi. Ansin, ar leathuair tar éis a trí, tagaim ar ais ón scoil. Déanaim m'obair bhaile ar a ceathair a chlog. Réitím an dinnéar agus ithim ar leathuair tar éis a sé le mo theaghlach é. Ligim mo scíth ar feadh píosa ina dhiaidh sin agus féachaim ar an teilifís ar a deich a chlog. Scuabaim m'fhiacla ar dheich chun a haon déag agus téim i mo luí ar a haon déag a chlog ansin.

9. Listen, spot and correct the spelling/grammar errors: Alex is ainm dom. Tá mé seacht **mbliana** déag d'aois. Tá cónaí orm **in** Uibh Fháilí. Tá cónaí orm **i** dteach **beag** i lár **an bhaile**. Tá cónaí orm le mo theaghlach. Is daoine greannmhara iad mo thuismitheoirí ach tá m'athair níos **greannmhaire** ná mo mháthair. Tá titim amach an-simplí agam. Ar maidin, éirím ar dheich chun a seacht. Ithim mo **bhricfeasta** le mo **mhadra** Ruffy sa chistin. Ansin, scuabaim **m'fhiacla**. Cuirim m'éadaí orm fhéin ar timpeall ar fhiche cúig tar **éis** a seacht. Fágaim an teach ina dhiaidh sin agus téim ar **scoil** ar an **mbus**. Bím ag caint le **cairde** ar scoil agus ithim mo lón leo ag **meánlae**. Tagaim ar ais ón scoil agus déanaim **m'obair** bhaile i mo sheomra leapa. Réitím an dinnéar le mo mháthair agus ithim an **dinnéar** ansin sa chistin.

10. Listening slalom: Paraic: Éirím ar a sé a chlog. Cuirim m'éadaí orm fhéin ar cheathrú tar éis a seacht. Ithim mo bhricfeasta ar fhiche tar éis a seacht. Scuabaim m'fhiacla ar leathuair tar éis a seacht **Tríona:** Éirím ar a seacht a chlog. Cuirim m'éadaí orm fhéin ar chúig tar éis a sé. Ithim mo bhricfeasta ar leathuair tar éis a sé. Scuabaim m'fhiacla ar cheathrú chun a seacht **Niamh:** Éirím ar a hocht a chlog. Cuirim m'éadaí orm fhéin ar dheich tar éis a hocht. Ithim mo bhricfeasta ar cheathrú tar éis a hocht. Scuabaim m'fhiacla ar fhiche cúig tar éis a hocht **Carol:** Éirím ar a naoi a chlog. Cuirim m'éadaí orm

fhéin ar fhiche tar éis a naoi. Ithim mo bhricfeasta ar fhiche cúig chun a deich. Scuabaim m'fhiacla ar a haon déag a chlog

11. Narrow listening- Gapped translation: My name is Aoife. I am **Irish**. I am from **Connaught**. My daily routine is very **simple**. Generally, I **get up early**, at around five thirty. Then, I shower and get **dressed**. **Afterwards,** I go downstairs with my brothers. Then I prepare and **I eat** my **breakfast**. At around **twenty** past seven, I leave home and go to school. I **arrive** home at around four. Then, I **relax**. Generally, I read my **book**. From six to **seven,** I do my homework. Then, at eight, I eat my **dinner**. I don't eat **meat**. Afterwards, I watch **television** or go on the **computer**. Then, I go to **bed** at 10:35.

TRANSCRIPT: Aoife is ainm dom. Is Éireannach mé. Is as cúige Chonnacht dom. Tá titim amach an lae an-simplí agam. Go ginearálta, éirím go luath, timpeall ar leathuair tar éis a cúig. Ansin, téim faoin gcith agus cuirim m'éadaí orm fhéin. Ina dhiaidh sin, téim síos staighre le mo dheartháireacha. Ansin, réitím agus ithim mo bhricfeasta. Ar timpeall ar fhiche tar éis a seacht, fágaim an teach agus téim ar scoil. Tagaim abhaile ar timpeall ar a ceathair a chlog. Ansin, ligim mo scíth. Go ginearálta, léim mo leabhar. Ón a sé a chlog go dtí a seacht a chlog, déanaim m'obair bhaile. Ansin, ar a hocht a chlog, ithim mo dhinnéar. Ní ithim feoil. Ina dhiaidh sin, féachaim ar an teilifís nó téim ar an ríomhaire. Ansin, téim i mo luí ar fhiche cúig chun a haon déag.

12. Fill in the grids: What do the different people do?: **I** - I get up; I get dressed; I eat my lunch; I do my homework; I relax; I play computer games **My mother** - She eats breakfast; She leaves the house; She talks to her friends; She prepares the dinner; She plays football; She reads a book **My father** – He goes for a shower; He dresses himself; He comes home; He goes to the gym; He eats his dinner; He goes to the pitch **My sister** – She eats her breakfast; She washes her teeth; She cleans her room; She goes hiking; She eats her dinner; She plays chess

TRANSCRIPT: Haigh, Sinéad is ainm dom. Éirím ar a leathuair tar éis a seacht. Ar cheathrú tar éis a hocht, cuirim m'éadaí orm fhéin. Ag meánlae, ithim mo lón. Ón a trí chlog go dtí an ceathair a chlog, déanaim m'obair bhaile. Ón a sé a chlog go dtí a hocht a chlog, ligim mo scíth. Ón a leathuair tar éis a hocht go dtí a haon déag a chlog, imrím cluichí ríomhaire. Saoirse is ainm do mo mháthair. Itheann sí a bricfeasta ar a leathuair tar éis a seacht. Ar cheathrú tar éis a hocht, fágann sí an teach. Ag meánlae, labhraíonn sí lena cairde. Ón a trí chlog go dtí an ceathair a chlog, réitíonn sí an dinnéar. Ón a sé a chlog go dtí a hocht a chlog, imríonn sí peil. Ón a leathuair tar éis a hocht go dtí a haon déag a chlog, léann sí leabhar. Jeaic is ainm do m'athair. Téann sé faoin gcith ar a leathuair tar éis a seacht. Ar cheathrú tar éis a hocht, cuireann sé a éadaí air fhéin. Ag meánlae, tagann sé abhaile. Ón a trí chlog go dtí an ceathair a chlog, téann sé go dtí an spórtlann. Ón a sé a chlog go dtí a hocht a chlog, itheann sé a dhinnéar. Ón a leathuair tar éis a hocht go dtí a haon déag a chlog, téann sé go dtí an pháirc imeartha. Jill is ainm do mo dheirfiúr. Itheann sí a bricfeasta ar a leathuair tar éis a seacht. Ar cheathrú tar éis a hocht, scuabann sí a fiacla. Ag meánlae, glanann sí a seomra. Ón a trí chlog go dtí an ceathair a chlog, téann sí ar shiúlóidí. Ón a sé a chlog go dtí a hocht a chlog, itheann sí a dinnéar. Ón a leathuair tar éis a hocht go dtí a haon déag a chlog, imrím sí ficheall.

UNIT 17 – DESCRIBING HOUSES

1. Multiple choice quiz: a. 1 b. 3 c. 2 d. 2 e. 1 f. 3

TRANSCRIPT: a. Tá cónaí orm i dteach mór b. Tá cónaí ar m'athair i dteach gránna c. Tá cónaí orm in árasán beag d. Tá cónaí ar mo mháthair i seanteach e. Tá cónaí ort faoin tuath f. Tá cónaí ar Liam i lár na cathrach

2. Listening slalom: a. Tá cónaí orm; i dteach mór; faoin tuath; in Éirinn.; Is breá liom mo; theach mar go bhfuil; sé mór agus nua-aimseartha b. Tá cónaí orm i; seanteach; cois farraige; i nDún na nGall.; I mo theach,; tá ceithre sheomra; agus gairdín mór ann. c. Tá cónaí orm in; árasán beag; i lár na cathrach.; I m'árasán,; tá trí sheomra; agus ligim mo scíth; sa seomra gréine. d. I mo theach, tá; sé sheomra leapa; dhá sheomra folctha agus cistin ann.; Is maith liom a bheith; ag obair sa; seomra suí gach lá.

TRANSCRIPT: a. Tá cónaí orm i dteach mór faoin tuath in Éirinn. Is breá liom mo theach mar go bhfuil sé mór agus nua-aimseartha. b. Tá cónaí orm i seanteach cois farraige i nDún na nGall. I mo theach, tá ceithre sheomra agus gairdín mór ann c. Tá cónaí orm in árasán beag i lár na cathrach. I m'árasán, tá trí sheomra agus ligim mo scíth sa seomra gréine. d. I mo theach, tá sé sheomra leapa, dhá sheomra folctha agus cistin ann. Is maith liom a bheith ag obair sa seomra suí gach lá.

3. Spot the differences and correct your text: Mícheál is ainm dom agus tá cónaí orm i dteach **beag** agus nua-aimseartha **faoin tuath**. Tá mé **cúig** bliana déag d'aois agus tá gruaig **fhionn ghearr** orm. Is duine ard agus **aclaí** mé ach is duine **leisciúil** mé ar bhealaí eile. Is breá liom a bheith ag imirt **spóirt** le cairde liom agus **téim ag snámh** gach **deireadh seachtaine** sa **linn snámha**. I mo theach, tá **cúig** sheomra ann. Is breá liom mo theach mar go bhfuil sé **compordach** agus ligim mo scíth sa seomra **suí** tar éis na scoile gach lá. Tá cónaí ar mo chol ceathracha **i seanteach gránna** i lár na cathrach. Tá **ceithre** sheomra ann agus tá gairdín **mór** timpeall an tí chomh maith.

4. Spot the missing words and write them in: Freya is ainm **dom** agus is **Éireannach** mé. Tá cónaí **orm** i Sligeach in iarthar **na** hÉireann. Tá mé cúig bliana **déag** d'aois agus is **duine** cairdiúil **mé**. I **mo** theach, tá sé sheomra **ann** agus tá gairdín **beag** timpeall an tí chomh maith. Tá trí **sheomra** leapa ann agus tá seomra suí **fíorbheag** thíos staighre. Tá cónaí **ar** chara **liom** i seanteach gránna **faoin** tuath. Níl ach trí sheomra ann agus tá **sé** i bhfad ón **mbaile**. Tá cónaí ar **mo** sheantuismitheoirí **i** dteach beag **seanfhaiseanta** sna sléibhte. Tá an **teach** ann le níos mó **ná** céad **bliain**! Tá cónaí ar m'aintín **in** árasán **mór** i lár na cathrach. Tá **dhá** sheomra gréine ann fiú!

5. Faulty translation: correct the translation: My name is Róisín and I live in **Mayo** in Ireland. My house is sitauted in the **countryside** and I live in an **old house.** In my house, there are **six** rooms. I live in a big, **old-fashioned** and **ugly house**. The rooms are very **small**. There is a **big** garden with a small table outside. I have one **cat** whose name is Diesel. I prefer the **sunroom** because I love **relaxing**. I really like **reading** in the kitchen after school every **night**. I watch films on **the television** in the living room. I do **gymnastics** with my friends in the gym **at the weekend.**

TRANSCRIPT: Róisín is ainm dom agus tá cónaí orm i Maigh Eo in Éirinn. Tá mo theach suite faoin tuath agus tá cónaí orm i seanteach. I mo theach, tá sé sheomra ann. Tá cónaí orm i dteach mór,

57

seanfhaiseanta agus gránna. Is seomraí an-bheag iad. Tá gairdín mór a bhfuil bord beag ann taobh amuigh. Tá cat amháin agam darb ainm Diesel. Is fearr liom an seomra gréine mar gur aoibhinn liom mo scíth a ligean. Is breá liom a bheith ag léamh sa chistin tar éis na scoile gach oíche. Féachaim ar scannáin ar an teilifís sa seomra suí. Déanaim gleacaíocht le cairde liom sa spórtlann ag an deireadh seachtaine.

6. Fill in the grid: a. Old; Garden b. Beautiful; Bathroom c. New; Dining room d. Ugly; Kitchen e. Small; Bedroom f. Modern; Sunroom g. Big; Bedroom h. Old-fashioned; Living room

TRANSCRIPT: a. Tá cónaí orm i seanteach agus is fearr liom an gairdín b. Tá cónaí orm in árasán galánta agus is fearr liom an seomra folctha c. Tá cónaí orm i dteach nua. Is breá liom gach seomra ach is fearr liom an seomra bia d. Tá cónaí orm in árasán gránna cois farraige agus is fearr liom an chistin thar aon seomra eile e. Tá cónaí orm i dteach beag le mo thuismitheoirí agus is fearr liom mo sheomra leapa f. Tá cónaí uirthi in árasán nua-aimseartha agus is fearr léi an seomra gréine i rith an tsamhraidh g. Tá cónaí air i dteach mór agus is fearr leis a sheomra leapa fhéin h. Tá cónaí orainn i dteach seanfhaiseanta ach is fearr linn an seomra suí

7. Gapped sentences: a. Tá cónaí orm i dteach mór **galánta** b. Tá mo theach suite **cois farraige** c. Tá cónaí ar mo thuismitheoirí **sna sléibhte** d. Tá cónaí ar chara liom **in árasán gránna** i lár na **cathrach** e. Tá cónaí ar mo chol ceathracha i **seanteach** beag **sna sléibhte** f. Tá cónaí ar mo sheantuismitheoirí i dteach **mór faoin tuath** g. Tá cónaí ar m'uncail i **dteach** beag galánta in **eastát tithíochta** atá suite ar imeall **an bhaile**

8. Listen, spot and correct the spelling and grammar errors: Máire is ainm **dom** agus tá mé seacht **mbliana** déag d'aois. Tá cónaí **orm** i **dteach** mór ar imeall an **bhaile** in eastát tithíochta. Ligim mo scíth sa **seomra** suí gach lá tar éis na **scoile**. Is maith liom a bheith ag obair sa seomra bia mar **go mbíonn** bia in aice liom. Is fuath **liom** a bheith ag obair sa **ghairdín** mar go mbíonn an madra ag rith timpeall **orm**. Tá cúig **sheomra** sa teach ach tá cónaí ar **chara liom** i dteach a bhfuil deich **seomra** ann! Is **fearr** liom mo scíth a ligean sa **ghairdín** nuair a bhíonn an aimsir **go** maith.

9. Complete (in English) with the correct details:

Colin: Kilkenny; Old and small; Countryside; Kitchen; Bedroom; Dining room

Fiona: Meath; Big and beautiful; City centre; Living room; Garden; Sunroom

Jeaic: Kerry; New but ugly; On the edge of town; Living room; Bathroom; Dining room

TRANSCRIPT: Colin: Colin is ainm dom agus tá cónaí orm i gCill Chainnigh i seanteach beag faoin tuath. Is maith liom an chistin ach is fearr liom mo sheomra leapa. Is fuath liom an seomra bia **Fiona:** Fiona is ainm dom agus tá cónaí orm sa Mhí i dteach mór galánta i lár na cathrach. Is maith liom an seomra suí ach is fearr liom an gairdín. Is fuath liom an seomra gréine **Jeaic:** Jeaic is ainm dom agus tá cónaí orm i gCiarraí i dteach nua ach gránna ar imeall an bhaile. Is maith liom an seomra suí ach is fearr liom an seomra folctha. Is fuath liom an seomra bia

10. Narrow listening - Gapped translation: My house is a very **big** and comfortable house. It is situated on the **edge** of Galway, a city in the west of Ireland, beside the **sea**. I live in an **old flat**. In my flat, there are six rooms: a kitchen, a bathroom, a living room and three **bedrooms**. My favourite room is the **living room** because it is **modern**, comfortable and beautiful. I like my **bedroom** also because I have a television and a desk there. I like to **relax** and do my homework in there. I hate the **kitchen** because it is too **small** and old.

TRANSCRIPT: Is teach an-mhór agus compordach é mo theach. Tá sé suite ar imeall na Gaillimhe, cathair in iarthair na hÉireann, cois farraige. Tá cónaí orm i seanárasán. I m'árasán, tá sé sheomra ann: cistin, seomra folctha, seomra suí agus trí sheomra leapa. Is fearr liom an seomra suí mar go bhfuil sé nua-aimseartha, compordach agus galánta. Is maith liom mo sheomra leapa chomh maith mar go bhfuil teilifís agus deasc agam ann. Is maith liom mo scíth a ligean agus m'obair bhaile a dhéanamh ann. Is fuath liom an chistin mar go bhfuil sé róbheag agus sean.

11. Answer the questions in English: a. 14 b. Ireland c. Laois d. Tall e. Lazy, friendly, nice, sporty, fit f. Jeans and a white t-shirt g. Meat and rice h. 5 o'clock i. Walks her dog and does her homework j. A flat k. Small and modern l. Kitchen m. Living room n. It is small and old-fashioned

TRANSCRIPT: Orlaith is ainm dom agus tá mé ceithre bliana déag d'aois. Is Éireannach mé agus tá cónaí orm i Laois, i lár na tíre. Is duine ard, spórtúil agus aclaí mé. Is duine leisciúil, cairdiúil agus deas mé chomh maith. Is breá liom éadaí ach is fearr liom brístí géine agus an t-léine bhán atá agam. Ithim gach saghas bia ach is fearr liom feoil agus rís thar aon rud eile! Éirím ar a cúig a chlog gach maidin. Tar éis teacht abhaile ón scoil, téim ag siúl le mo mhadra agus déanaim m'obair bhaile. Tá cónaí orm in árasán beag nua-aimseartha. Is fearr liom an chistin ach is fuath liom an seomra suí. Ní maith liom mo sheomra leapa mar go bhfuil sé beag agus seanfhaiseanta.

UNIT 18 – SAYING WHAT ONE DOES AT HOME / DAILY ROUTINE

1. Mosaic listening: a. Déanaim; m'obair bhaile; sa seomra; leapa b. Go minic; féachaim ar; Netflix; sa seomra suí c. Gach lá; téim ar líne; sa seomra spraoi d. Éistim le; ceol; i seomra leapa; mo dhearthár e. Ligim; mo scíth; sa seomra; gréine f. De shíor; labhraím; le mo; mháthair

TRANSCRIPT: a. Déanaim m'obair bhaile sa seomra leapa b. Go minic, féachaim ar Netflix sa seomra suí c. Gach lá, téim ar líne sa seomra spraoi d. Éistim le ceol i seomra leapa mo dhearthár e. Ligim mo scíth sa seomra gréine f. De shíor, labhraím le mo mháthair

2. Listen and fill the gaps: a. Réitím **bia** sa chistin b. Timpeall ar a seacht a chlog, **ithim** mo bhricfeasta c. Dhá uair sa **tseachtain**, téim ag rothaíocht d. Uaireanta, **féachaim** ar scannán e. Nuair a bhíonn am sa bhreis agam, léim **irisí** f. De **ghnáth**, imrím cluichí ríomhaire g. Ligim mo scíth sa **ghairdín** h. Scuabaim m'fhiacla sa **seomra** folctha

3. Break the flow: a. Léim leabhair ghrinn sa seomra spraoi b. Uaireanta, féachaim ar an teilifís c. Cuirim pictiúir aníos ar Instagram d. Gach lá, imrím cluichí ríomhaire e. Go minic, téim ar líne f. Dhá uair sa tseachtain, fágaim an teach

4. Faulty translation: Listen and correct the errors: a. Sometimes talk with mother **in the kitchen** b. Twice a week **relaxes** in the garage c. Every day watches TV in the **dining** room d. **Every day** does homework in the bedroom e. Often goes online **in brother's bedroom** f. **Always** eats breakfast in the dining room g. **Sometimes** prepares food in the kitchen h. **When have extra time** goes cycling **in the garden**

TRANSCRIPT: a. Uaireanta, labhraím le mo mháthair sa chistin b. Dhá uair sa tseachtain, ligim mo scíth sa gharáiste c. Gach lá, féachaim ar an teilifís sa seomra bia d. Gach lá, déanaim m'obair bhaile sa seomra leapa e. Go minic, téim ar líne i seomra leapa mo dhearthár f. De shíor, ithim mo bhricfeasta sa seomra bia g. Uaireanta, réitím bia sa chistin h. Nuair a bhíonn am sa bhreis agam, téim ag rothaíocht sa ghairdín

5. Often or Rarely: a. O; Every day, I go cycling b. R; When have extra time, I go online c. O; Always, I do homework d. R; Sometimes, I read comics e. O; Usually, I get dressed f. R; Twice a week, I prepare food g. O; Always, I eat breakfast h. R; When has extra time, I put pictures up on Instagram

TRANSCRIPT: a. Téim ag rothaíocht gach lá b. Nuair a bhíonn am sa bhreis agam, téim ar líne c. De shíor, déanaim m'obair bhaile d. Uaireanta, léim leabhair ghrinn e. De ghnáth, cuirim m'éadaí orm fhéin f. Dhá uair sa tseachtain, réitím bia g. De shíor, ithim mo bhricfeasta h. Nuair a bhíonn am sa bhreis agam, cuirim pictiúir aníos ar Instagram

6. List the activities in the correct order: 1. I eat breakfast 2. I brush my teeth 3. I do my homework 4. I go online 5. I read comics 6. I watch films 7. I relax 8. I leave the house

TRANSCRIPT: Paraic is ainm dom. Ithim mo bhricfeasta sa chistin gach lá. Ansin, scuabaim m'fhiacla sa seomra folctha. Déanaim m'obair bhaile sa seomra suí. Ina dhiaidh sin, téim ar líne. Léim leabhair

ghrinn le mo dheartháir níos óige. Féachaim ar scannáin sa seomra suí ar feadh uaire. Ligim mo scíth sa seomra gréine agus faoi dheireadh, fágaim an teach

7. Listen to the verb and add them in where appropriate: a. Féachaim b. Ithim c. Léim d. Ligim e. Cuirim f. Téim g. Déanaim h. Réitím

TRANSCRIPT: a. Féachaim ar scannáin b. Téim ag rothaíocht c. Ligim mo scíth d. Ithim mo bhricfeasta e. Déanaim m'obair bhaile f. Cuirim m'éadaí orm fhéin g. Léim irisí h. Réitím bia

8. Narrow listening- Gapped translation: Every day, I get up at five in the morning. Then, I **prepare** and I eat my breakfast in the **kitchen**. After that, I brush my teeth and I get **dressed**. Then, I **leave** the house and I go to school at **8:30**. Generally, I go by **bus**. When I **return home**, I talk to my mother and I do my homework in the **bedroom**. Then, I **relax** in the garden with my two **dogs**. Sometimes, I watch **films** and I upload pictures to Instagram. Usually, I eat my dinner at around **7:00**. After dinner, I **read magazines** and then I shower. After that, I brush my **teeth** and I go to bed at **10:30**

TRANSCRIPT: Gach lá, éirím ar a cúig a chlog ar maidin. Ansin, réitím agus ithim mo bhricfeasta sa chistin. Ina dhiaidh sin, scuabaim m'fhiacla agus cuirim m'éadaí orm fhéin. Ansin, fágaim an teach agus téim ar scoil ar leathuair tar éis a hocht. Go ginearálta, téim ar an mbus. Nuair a thagaim abhaile, labhraím le mo mháthair agus déanaim m'obair bhaile sa seomra leapa. Ansin, ligim mo scíth sa ghairdín le mo dhá mhadra. Uaireanta, féachaim ar scannáin agus cuirim pictiúir aníos ar Instagram. De ghnáth, ithim mo dhinnéar timpeall ar a seacht a chlog. Tar éis dinnéir, léim irisí agus téim faoin gcith. Ina dhiaidh sin, scuabaim m'fhiacla agus téim i mo luí ar leathuair tar éis a deich.

9. Sentence Puzzle: TRANSCRIPT: a. Dhá uair sa tseachtain, léim irisí b. Uaireanta, féachaim ar scannáin sa seomra suí c. De shíor, réitím bia sa chistin d. Timpeall ar a sé a chlog, cuirim m'éadaí orm fhéin e. Uaireanta, ithim mo bhricfeasta sa seomra bia f. Go minic, déanaim m'obair bhaile sa seomra gréine

10. Answer the questions about Maria: a. 7:00 b. Walks c. Irish d. Tennis; football e. Dining room f. Bedroom g. Kitchen h. Goes online; reads a book; watches a film on Netflix i. Has a shower and brushes her teeth j. 11:00

TRANSCRIPT: Maria is ainm dom. De ghnáth, éirím ar a seacht a chlog gach maidin agus téim síos staighre. Ithim mo bhricfeasta le mo theaghlach sa seomra bia. Réitím mo mhála scoile agus ansin, siúlaim ar scoil le mo dheirfiúr. Is maith liom an scoil agus is í an Ghaeilge an t-ábhar is fearr liom mar go bhfuil sí suimiúil. Tar éis na scoile, imrím leadóg agus peil le mo chlub. Tagaim abhaile ansin agus labhraím le mo mham sa seomra bia. Ansin, déanaim m'obair bhaile sa seomra leapa. Timpeall ar a seacht a chlog, ithim mo dhinnéar sa chistin le mo theaghlach. Tar éis dinnéir, téim ar líne, léim leabhar agus féachaim ar scannán ar Netflix. Sula dtéim i mo luí, téim faoin gcith agus scuabaim m'fhiacla. Téim i mo luí ar a haon déag a chlog.

READING ALOUD – Part 3

1. Dia daoibh, Liam is ainm dom. Tá mé ocht mbliana déag d'aois. Tá gruaig chatach orm agus tá súile glasa agam. Tá cónaí orm in oirthear na tíre in árasán beag ar imeall an bhaile le mo dheartháir níos sine darb ainm Eoghan. Is breá liom m'árasán! Is duine cainteach agus cabhrach é mo dheartháir ach uaireanta is duine fiosrach é! Réitím go maith leis de shíor! Sa bhaile, tá iasc mór darb ainm Jess agus madra gleoite darb ainm Maxxie agam. Is madra láidir é Maxxie agus is iasc ramhar é Jess! Is maith liom a bheith ag déanamh spraoi leis na peataí. Imrím peil agus cispheil go minic le mo chlub. Téim go dtí an pháirc le Maxxie gach lá. Nuair a bhíonn an aimsir go dona, téim go dtí an spórtlann le hEoghan. Anois is arís, téim ar shiúlóidí faoin tuath. Nuair a bhíonn am sa bhreis agam, féachaim ar scannáin ar Netflix sa seomra suí agus anois is arís, léim irisí agus leabhair ghrinn sa seomra leapa. De ghnáth, téim i mo luí timpeall ar cheathrú chun a haon déag.

2. Caroline is ainm dom. Tá mé cúig bliana déag d'aois agus tá titim amach an lae an-simplí agam. De ghnáth, éirím ar cheathrú chun a seacht. Téim síos staighre agus ithim mo bhricfeasta le mo dheirfiúr sa chistin. Ansin, réitím mo lón don lá scoile. Téim faoin gcith agus cuirim m'éadaí orm fhéin ansin. Téim ar scoil ar an mbus agus siúlaim abhaile tar éis na scoile. Labhraím le m'athair sa chistin mar gur fear an tí é. Ansin, déanaim m'obair bhaile sa seomra gréine. Cabhraím le m'athair sa chistin agus réitím an bord. Ithim an dinnéar ar a sé a chlog ansin. Tar éis dinnéir, léim leabhar agus féachaim ar an teilifís.

3. a. Dia daoibh. Iarla is ainm dom. Tá cúigear i mo theaghlach, mé féin san áireamh - sin iad mo thuismitheoirí, mo dheartháir Oisín agus mo dheirfiúr Saoirse. b. Is duine ionraic agus greannmhar é m'athair. Is bean chairdiúil agus thanaí í mo mháthair. Is buachaill óg agus ard é Oisín agus is cailín cneasta agus foighneach í Saoirse.

c. Nuair a bhíonn am sa bhreis agam, téim ar shiúlóidí faoin tuath. Ach nuair a bhíonn an aimsir go dona, téim go dtí an t-ionad spóirt. Nuair a bhíonn sé tirim, téim go dtí an pháirc agus téim ag rothaíocht le mo theaghlach. Sa bhaile, léim leabhair ghrinn go minic agus de ghnáth, féachaim ar scannáin ar Netflix.

UNIT 19 – HOLIDAY PLANS

1. Listen and fill in the gaps: a. Fhrainc b. coicís c. chathair d. Fanfaidh e. béilí f. óstán g. cuairt h. mbád i. óige

TRANSCRIPT: a. Rachaidh mé go dtí an Fhrainc b. Caithfidh mé coicís thall c. Rachaidh mé go dtí an chathair d. Fanfaidh mé i bpuball e. Íosfaidh mé béilí blasta f. Fanfaidh mé in óstán saor g. Tabharfaidh mé cuairt ar an Túr Eiffel h. Rachaidh mé ar an mbád i. Fanfaidh mé i mbrú óige

2. Spot the differences and correct your text: TRANSCRIPT: a. Rachaidh mé go dtí an **Iodáil** b. Caithfidh muid **seachtain amháin** thall c. Fanfaidh sé in óstán **saor** d. Íosfaidh **muid** milseoga traidisiúnta e. Rachaidh mé go ~~dtí~~ Ceanada sa charr f. Tabharfaidh **sé** cuairt ar an gColasaem g. Rachaidh mé go ~~dtí~~ hAlbain h. Caithfidh mé seachtain amháin le mo **theaghlach** i. Íosfaidh mé uachtar reoite **deas** j. Rachaidh mé go dtí an **trá**

3. Listen and tick the correct details: Pól: Rachaidh mé go Sasana **Ana:** Íosfaidh mé béilí blasta **Colm:** Fanfaidh mé i mbrú óige **Sharon:** Caithfidh mé coicís thall

TRANSCRIPT: Pól: Dia daoibh, Pól is ainm dom. An samhradh seo, rachaidh mé go Sasana ar an mbád le mo theaghlach **Ana:** Ana is ainm dom. Rachaidh mé go dtí an Spáinn agus íosfaidh mé milseoga traidisúnta **Clíona:** Haigh, Clíona is ainm dom. Rachaidh mé go hAlbain an samhradh seo. Fanfaidh mé i mbrú óige **Sharon:** Sharon is ainm dom. Rachaidh mé go Meiriceá an samhradh seo agus caithfidh mé coicís thall

4. Write in the missing words: TRANSCRIPT: An samhradh seo, rachaidh mé go dtí an **Ghearmáin** ar an eitleán le mo chairde. Caithfidh muid **dhá sheachtain** thall. Fanfaidh muid i **mbrú** óige. **Rachaidh** muid go dtí an **trá** agus ag siopadóireacht. **Íosfaidh** muid béilí **blasta** agus milseoga deasa. Tabharfaidh muid **cuairt** ar na suíomhanna **stairiúla.**

5. Guess what comes next and then listen to see how many you guessed right: a. Ceanada b. coicís c. béilí blasta d. óstán saor e. trá f. Túr Eiffel

TRANSCRIPT: a. Rachaidh mé go Ceanada b. Caithfidh mé coicís thall c. Íosfaidh mé béilí blasta d. Fanfaidh mé in óstán saor e. Rachaidh mé go dtí an trá f. Tabharfaidh mé cuairt ar an Túr Eiffel

6. Multiple choice quiz: a. 1 b. 2 c. 3 d. 2 e. 1 f. 1 g. 3 h. 1

TRANSCRIPT: Dia daoibh. Cian is ainm dom. Is Éireannach mé. Rachaidh mé go dtí an Spáinn ar an eitleán le mo theaghlach. Fanfaidh mé i mbrú óige agus caithfidh mé dhá sheachtain thall. Rachaidh mé go dtí an trá agus rachaidh mé ag sú na gréine freisin. Beidh sé spraíúil!

7. Faulty translation: This **summer**, I will go on holidays to Scotland by **car** with my **family**. We will spend **a fortnight** there. We will stay in a **luxurious** hotel in Edinburgh, the capital of Scotland. If the weather will be good, every day, I will go **hiking** in the **mountains**. In the evening, I will eat **tasty** meals and **traditional** desserts. My parents will visit the tourist sights and my sister will go **sunbathing**,

as always. If the weather will be bad, I will go the gym and the **sports centre** with my sister. After that, we will go the **city** and we will visit the historic sights.

TRANSCRIPT: An samhradh seo, rachaidh mé ar laethanta saoire go hAlbain sa charr le mo theaghlach. Caithfidh muid coicís thall. Fanfaidh muid in óstán galánta i nDún Éideann, príomhchathair na hAlban. Má bheidh an aimsir go maith, gach lá, rachaidh mé ar shiúlóidí sna sléibhte. San iarnóin, íosfaidh mé béilí blasta agus milseoga traidisiúnta. Tabharfaidh mo thuismitheoirí cuairt ar na suíomhanna turasóireachta agus rachaidh mo dheirfiúr ag sú na gréine mar is gnáth! Má bheidh an aimsir go dona, rachaidh mé go dtí an spórtlann agus an t-ionad spóirt le mo dheirfiúr. Ina dhiaidh sin, rachaidh muid go dtí an chathair agus tabharfaidh muid cuairt ar na suíomhanna stairiúla.

8. Listen, spot and correct the spelling and grammar errors: Rachaidh mé ar **laethanta** saoire go dtí an Fhrainc ar **an** eitleán. **Caithfidh** mé coicís le mo **chairde** thall. Fanfaidh muid i **mbrú óige**. Rachaidh **muid** ag siopadóireacht agus **rachaidh** muid **go dtí** an trá. **Tabharfaidh** muid cuairt ar **na** suíomhanna **stairiúla** agus **ar** an Túr Eiffel. **Íosfaidh** muid ispíní traidisiúnta agus **milseoga** blasta. Beidh sé ar **fheabhas** gan dabht!

9. Complete with the correct details (English): England; Boat; 1 week; Family; A cheap hotel; Will go shopping, will visit tourist sites and will eat nice ice-cream

TRANSCRIPT: Rachaidh mé ar laethanta saoire go Sasana ar an mbád. Caithfidh mé seachtain amháin le mo theaghlach thall. Fanfaidh muid in óstán saor. Rachaidh muid ag siopadóireacht, tabharfaidh muid cuairt ar na suíomhanna turasóireachta agus íosfaidh muid uachtar reoite deas.

10. Listen and arrange the information in the same order as it occurs in the text: 1. My name is Gráinne 2. This summer, I will go on holidays to Italy 3. I will go with my friends 4. We will spend a week there 5. We will go there by boat 6. We will stay in a luxurious hotel 7. The hotel is situated on the edge of town 8. We will go to the beach every day 9. In the morning, we will visit historic sights 10. We will eat tasty meals 11. At night, we will go to the night club 12. We will go home on the 13th of June

TRANSCRIPT: Gráinne is ainm dom agus an samhradh seo, rachaidh mé ar laethanta saoire go dtí an Iodáil. Rachaidh mé le cairde liom agus caithfidh muid seachtain thall. Rachaidh muid sall ar an mbád agus fanfaidh muid in óstán galánta. Tá an t-óstán suite ar imeall an bhaile. Rachaidh muid go dtí an trá gach lá. Ar maidin, tabharfaidh muid cuairt ar na suíomhanna stairiúla agus íosfaidh muid béilí blasta. San oíche, rachaidh muid go dtí an club oíche. Rachaidh muid abhaile ar an tríú lá déag de Mheitheamh.

11. Listen to Cormac and answer the questions below in English: a. France and Germany b. 17th of March c. A fortnight d. By plane and by car e. His friends f. In a cheap hotel g. Paris and Hamburg h. Will go to the city, will go shopping, will visit the tourist sights and will eat traditional meals

TRANSCRIPT: Cormac is ainm dom agus tá mé ocht mbliana déag d'aois. Rachaidh mé ar laethanta saoire go dtí an Fhrainc agus an Ghearmáin ar an seachtú lá déag de Mhárta. Caithfidh mé coicís thall agus rachaidh mé ar an eitleán go dtí an Spáinn agus rachaidh mé go dtí an Ghearmáin sa charr ansin in éintí le cairde liom. Fanfaidh muid in óstán saor i bPáras agus i Hamburg. Rachaidh muid go dtí an

chathair agus rachaidh muid ag siopadóireacht. Tabharfaidh muid cuairt ar na suíomhanna turasóireachta agus íosfaidh muid béilí traidisiúnta.

12. Fill in the grid in English:

Cathal: France; Friends; 15th of July; 1 week; A youth hostel; City centre; Will visit tourist sights and will go swimming

Bríd: America; Family; 23rd of April; 2 weeks; A cheap hotel; The edge of town; Will visit historic sight and will go shopping

Shauna: Scotland; By herself; 20th of February; A fortnight; A tent; Countryside; Will go hiking and boating

Maitiú: Spain; Friends; 31st December; The weekend; A luxurious hotel; Beside the sea; Will go sunbathing and fishing

TRANSCRIPT:

Cathal: Cathal is ainm dom agus rachaidh mé ar laethanta saoire go dtí an Fhrainc le mo chairde ar an gcúigiú lá déag d'Iúil agus caithfidh mé seachtain amháin thall. Fanfaidh mé i mbrú óige i lár na cathrach. Tabharfaidh mé cuairt ar na suíomhanna turasóireachta agus rachaidh mé ag snámh

Bríd: Bríd is ainm dom agus rachaidh mé ar laethanta saoire go Meiriceá le mo theaghlach ar an tríú lá is fiche d'Aibreán agus caithfidh mé dhá sheachtain thall. Fanfaidh mé in óstán saor ar imeall an bhaile. Tabharfaidh mé cuairt ar na suíomhanna stairiúla agus rachaidh mé ag siopadóireacht

Shauna: Shauna is ainm dom agus rachaidh mé ar laethanta saoire go hAlbain liom fhéin ar an bhfichiú lá d'Fheabhra agus caithfidh mé coicís thall. Fanfaidh mé i bpuball faoin tuath. Rachaidh mé ar shiúlóidí agus ag bádóireacht

Maitiú: Maitiú is ainm dom agus rachaidh mé ar laethanta saoire go dtí an Spáinn le mo chairde ar an aonú lá is tríocha de Nollaig agus caithfidh mé an deireadh seachtaine thall. Fanfaidh mé in óstán galánta cois farraige. Rachaidh mé ag sú na gréine agus ag iascaireacht.

Lightning Source UK Ltd.
Milton Keynes UK
UKHW030358081222
413529UK00006B/151